NEUE KÖLNER RECHTSWISSENSCHAFTLICHE ABHANDLUNGEN

HERAUSGEGEBEN VON
DER RECHTSWISSENSCHAFTLICHEN FAKULTÄT
DER UNIVERSITÄT ZU KÖLN

HEFT 32

Berlin 1964

WALTER DE GRUYTER & CO.

vormals G. J. Göschen'sche Verlagshandlung · J. Guttentag, Verlagsbuchhandlung
Georg Reimer · Karl J. Trübner · Veit & Comp.

PAUL CHR. FILIOS

Die Gefahrtragung beim Kauf (§ 446 BGB) im Rahmen des Synallagmas

Die Gefahrtragung beim Kauf (§ 446 BGB) im Rahmen des Synallagmas

Von

Dr. jur. Paul Chr. Filios

Rechtsanwalt in Athen

Berlin 1964

WALTER DE GRUYTER & CO.

vormals G. J. Göschen'sche Verlagshandlung · J. Guttentag, Verlagsbuchhandlung
Georg Reimer · Karl J. Trübner · Veit & Comp.

Die Alexander von Humboldt-Stiftung hat das Studium des Verfassers in Deutschland sowie die Veröffentlichung dieser Arbeit gefördert.

Archiv-Nr. 2708642
Satz und Druck: Berliner Buchdruckerei „Union" GmbH, Berlin 61

᾿Αφιεροῦται εἰς τοὺς ἀγαπητούς του γονεῖς
Χρῖστον καὶ Μαρίκα Φίλιου

INHALTSVERZEICHNIS

§ 1

DIE GEFAHRTRAGUNG IM RAHMEN DER SCHULDVERHÄLTNISSE UND INSBESONDERE DES SYNALLAGMAS

§ 2

DIE GRUNDSÄTZE DER GEFAHRTRAGUNG BEIM KAUF IN RECHTSVERGLEICHENDER PERSPEKTIVE

§ 3

DER SINN DES § 446

§ 4

§ 446 IM RAHMEN DER ALLGEMEINEN VORSCHRIFTEN

§ 5

ANWENDUNGSBEREICH DES § 446 ODER OBJEKT DER GEFAHR

§ 6

ART DER GEFAHR

§ 7

DIE ÜBERGABE UND IHRE SURROGATE

§ 8

BEDINGTER KAUF

§ 9

KAUF UNTER EIGENTUMSVORBEHALT

§ 10

DER DOPPELKAUF

ANHANG

LITERATURVERZEICHNIS

I. Deutsches Recht

1. Lehrbücher, Grundrisse, Kommentare

Achilles-Greiff	BGB, Aufl. 21, 1958: (meist zit. Achilles-Greiff-Brüggemann)
Baur, Fr.	Lehrbuch des Sachenrechts, 1960
BGB-RGRK	Das Bürgerliche Gesetzbuch mit besonderer Berücksichtigung der Rechtsprechung des Reichsgerichts und des Bundesgerichtshofs. Kommentar herausgegeben von Reichsgerichtsräten und Bundesrichtern. 11. Aufl. 1959 f. (Meist zit. BGB-RGRK-Kuhn) Bd. II, Teil 1. 1959
Blomeyer, Al.	Allgemeines Schuldrecht, 2. Aufl. 1957
De Boor	Bürgerliches Recht, Bd. I, Allg. Teil — Recht der Schuldverhältnisse — Sachenrecht, 2. Aufl. 1954
Cosack-Mitteis	Lehrbuch des Bürgerlichen Rechts, Bd. I, Die Allgemeinen Lehren und das Schuldrecht, 8. Aufl. 1927.
Crome, C.	System des Deutschen Bürgerlichen Rechts, Bd. II, Recht der Schuldverhältnisse, 1902
Dernburg-Raape	Die Schuldverhältnisse nach dem Rechte des Deutschen Reichs und Preußens. Zw. Abt.: Einzelne Obligationen, 4. Aufl. 1915
Eichler, H.	Institutionen des Sachenrechts (Ein Lehrbuch. Bd. I, 1954 [zit. Eichler I]. Bd. II, erst Halbband 1957. [zit. Eichler II/1])
Endemann, F.	Lehrbuch des Bürgerlichen Rechts. Bd. I, zweiter Teil, 8. Aufl. 1901 (Recht der Schuldverhältnisse)
Enneccerus-Lehmann	Recht der Schuldverhältnisse. 15. Aufl. 1958
Enneccerus-Nipperdey	Allgemeiner Teil des Bürgerlichen Rechts. Erst. Halbband, 15. Aufl. 1959 (zit. Enneccerus-Nipperdey I). Zweit. Halbband, 15. Aufl. 1960 (zit. Enneccerus-Nipperdey II)
Erman	Handkommentar zum Bürgerlichen Gesetzbuch, 3. Aufl. 1962 (meist zit. Erman-Böhle-Stamschräder)
Esser, J.	Schuldrecht, Allgemeiner und besonderer Teil. 2. Aufl. 1960

Fischer-Henle-Titze	Bürgerliches Gesetzbuch, Handausgabe. 14. Aufl. 1932 (meist zit. Fischer-Henle-Titze-David)
v. Gierke, J.	Das Sachenrecht des bürgerlichen Rechts. 4. Aufl. 1959
v. Gierke, Otto	Deutsches Privatrecht. Bd. III, Schuldrecht 1917
Goldmann-Lilienthal	Das Bürgerliche Gesetzbuch systematisch dargestellt. Bd. I, Allg. Teil und Recht der Schuldverhältnisse. 2. Aufl. 1903
Heck, Ph.	Grundriß des Schuldrechts. 1929
Hedemann, J.	Sachenrecht des Bürgerlichen Gesetzbuches. 3. Aufl. 1960 (zit. Hedemann [S])
Hedemann, J.	Schuldrecht des Bürgerlichen Gesetzbuches. 3. Aufl. 1949
Henle, R.	Lehrbuch des Bürgerlichen Rechts, I. (Allgemeiner Teil). 1926
Kipp zu Windscheid	Windscheid-Kipp (Römisches Recht, s. unten)
Kohler, J.	Lehrbuch des Bürgerlichen Rechts. Bd. II, Vermögensrecht, Erster Teil: Schuldrecht 1906
Kreß, H.	Lehrbuch des Allgemeinen Schuldrechts. 1929 (zit. Kreß I)
Kreß, H.	Lehrbuch des Besonderen Schuldrechts. 1934 (zit. Kreß II)
Lange, H.	BGB Allgemeiner Teil. 5. Aufl. 1961
Larenz, K.	Lehrbuch des Schuldrechts. Bd. I, Allgemeiner Teil. 5. Aufl. 1962 (zit. Larenz I). Bd. II, Besonderer Teil, 5. Aufl. 1962 (zit. Larenz II)
Lehmann, H.	Allgemeiner Teil des Bürgerlichen Gesetzbuches. 13. Aufl. 1962
Lent, Fr.	BGB Sachenrecht. 8. Aufl. 1960
Leonhard, Fr.	Allgemeines Schuldrecht des BGB. 1929 (zit. Leonhard I). Besonderes Schuldrecht des BGB 1931 (zit. Leonhard II)
Loewenwarter, V.	Lehrkommentar zum Bürgerlichen Gesetzbuch. Bd. III, Recht der Schuldverhältnisse, Bes. Teil. 1928
Matthiaß, B.	Lehrbuch des Bürgerlichen Rechtes. 6./7. Aufl. 1914
Mitteis-Lieberich	Deutsches Privatrecht (Ein Studienbuch) 3. Aufl. 1959
Molitor, E.	BGB Schuldrecht, Besonderer Teil. Aufl. 5 1961 (zit. Molitor II)
Oertmann, P.	Recht der Schuldverhältnisse, 2. Abteilung, 5. Aufl. 1929

Palandt	Bürgerliches Gesetzbuch. Aufl. 21. 1962 (meist zit. Palandt-Gramm)
Planck's	Kommentar zum Bürgerlichen Gesetzbuch nebst Einführungsgesetz (meist zit. Planck-Knoke, Bd. II, 2. Hälfte, 4. Aufl. 1928)
Rosenberg, L.	Lehrbuch des Deutschen Zivilprozeßrechts. 9. Aufl. 1961
Schlegelberger, Fr.	Rechtsvergleichendes Handwörterbuch für das Zivil- und Handelsrecht des In- und Auslandes. Bd. II, 1932—1933. „Kaufvertrag": Vom Institut für ausländisches und internationales Privatrecht, Berlin
Schlegelberger-Vogels	Erläuterungswerk zum Bürgerlichen Gesetzbuch und zum neuen Volksrecht. Bd. I, Allg. Teil 1939
Schmidt, Rud.	Bürgerliches Recht, Bd. 2. Das Schuldrecht, 2. Aufl. 1953 (zit. Rud. Schmidt II)
Schnitzer, A.	Vergleichende Rechtslehre. Bd. I, 2. Aufl. (zit. Schnitzer I). Bd. II, 2. Aufl. 1961 (zit. Schnitzer II)
Schollmeyer, Fr.	Das Recht der einzelnen Schuldverhältnisse im Bürgerlichen Gesetzbuch, 2. Aufl. 1904
Schreuer, H.	Deutsches Privatrecht. 1921
Siber, H.	Grundriß des Deutschen Bürgerlichen Rechts. 2, Schuldrecht 1931
Soergel	Bürgerliches Gesetzbuch nebst Einführungsgesetz unter Verwendung der gesamten Rechtsprechung und Rechtslehre (meist zit. Soergel-Ballerstedt, Bd. II, 9. Aufl. 1962)
v. Staudingers, J.	Kommentar zum Bürgerlichen Gesetzbuch mit Einführungsgesetz und Nebengesetzen (meist zit. Staudinger-Ostler, Bd. II, Teil 2, 11. Aufl. 1955)
Titze, H.	Bürgerliches Recht, Recht der Schuldverhältnisse, 4. Aufl. 1932
v. Tuhr, Andreas	Der Allgemeine Teil des Deutschen Bürgerlichen Rechts. Bd. II, 1, 1914 (zit. v. Tuhr II/1). Bd. II, 2, 1918 (zit. v. Tuhr II/2)
Warneyer-Bohnenberg	Das Bürgerliche Gesetzbuch für das Deutsche Reich. Bd. I, 12. Aufl. 1951
Westermann, H.	Sachenrecht (Ein Lehrbuch). 4. Aufl. 1960
Wolff-Raiser	Sachenrecht. 10. Aufl. 1957
Würdinger	in RGR Komm. z. HGB. Kommentar zum Handelsgesetzbuch (früher herausgegeben von Mitgliedern des Reichsgerichts). Bd. IV, 2. Aufl. 1961

2. Abhandlungen, Aufsätze, Dissertationen

Adenauer — Die Gefahrtragung beim aufschiebend bedingten Kauf und beim Kauf mit Anfangstermin (Kölner Rechtswissenschaftliche Abhandlungen Heft 5. 1932)

Adler, K. — Der Übergang der Gefahr beim Handelskauf, in Zeitschrift für das gesamte Handelsrecht und Konkursrecht. Bd. 72 (1912) S. 388 ff.

Beitzke, G. — Gefahrtragung und Beschlagnahme beim Kauf, in Monatsschrift für Deutsches Recht (1947), S. 281 ff.

Bettermann — Transportrisiko und Beschlagnahme (Ein Beitrag zur Lehre der Gefahrtragung), in Zeitschrift für das Gesamte Handelsrecht und Konkursrecht, Bd. 111 (1946—47), S. 102 ff.

Blomeyer, A. — Studien zur Bedingungslehre. Bd. I—II (1938) (zit. Blomeyer-Studien)

Boettge, H. — Die Gefahrtragung beim Mobiliarkauf im Falle der Übergabe der verkauften Sache durch Traditionssurrogate der §§ 929 II, 930, 931 BGB. Diss. Köln (1930)

Eccius — in Gruchots Beiträge zur Erläuterung des Deutschen Rechts. Bd. 41 (1897) S. 883 ff.

Eisser, G. — Die Gefahrtragung beim Kaufvertrag in rechtsvergleichender Darstellung (1927)

Griesbach, Ott. — Der mehrfache Verkauf derselben Sache, zugleich ein Beitrag zur Lehre von der Unmöglichkeit. Diss. Jena (1908)

Herrmann, J. — Zwei Rechtsfälle aus dem Gebiet des mehrfachen Verkaufs derselben Sache durch denselben Verkäufer. Diss. Erlangen (1911)

Kisch, W. — Die Wirkungen der nachträglich eintretenden Unmöglichkeit der Erfüllung bei gegenseitigen Verträgen nach dem Bürgerlichen Gesetzbuche für das Deutsche Recht (1900)

Klasen, A. — Die Gefahrtragung bei auflösendbedingten Käufen. Diss. Greifswald (1914)

Kluckhohn — Der Übergang der Gefahr beim bedingten Kauf und beim Kauf unter Eigentumsvorbehalt, in Jherings Jahrbücher für die Dogmatik des heutigen römischen und deutschen Privatrechts. Bd. 64 (1914), S. 114 ff.

Krahmer, H. — Gegenseitige Verträge (Studien zur Systematik des Reichsrechts) (1904)

Krückmann, P. — Gewährschaft, Gefahrtragung und Entwurf eines einheitlichen Kaufgesetzes (1936). (Abhandlungen aus dem gesamten Handelsrecht, bürgerlichen Recht und Konkursrecht. Heft 9)

Künzli, R. — Das periculum beim Kaufe im deutschen und schweizerischen Recht (Rechtsvergleichende Darstellung). Diss. Leipzig (1926)

Martinius — Zur Lehre von der Gefahrtragung beim Kaufe nach dem Bürgerlichen Gesetzbuche, in Archiv für Bürgerliches Recht, Bd. 17 (1900), S. 5 ff.

Palleske, E. — Der Gefahrübergang gemäß § 446, Abs. 1 BGB und die Traditionssurrogate. Diss. Erlangen (1932)

Rabel, E. — Das Recht des Warenkaufs, eine rechtsvergleichende Darstellung. Bd. 1 (1936 unver. Neudruck 1957) unter Mitwirkung der wissenschaftlichen Mitarbeiter des Max-Planck-Institutes für Ausländisches und Internationales Privatrecht (zit. Rabel I). Bd. 2 (1958) unter Mitwirkung von Kl. v. Dohnanyi und Jörg Käser, wissenschaftliche Mitarbeiter des Instituts (zit. Rabel II)

Reineke, Ott. — Gefahrtragung beim Doppelverkauf desselben Grundstücks nach dem Bürgerlichen Gesetzbuch. Diss. Erlangen (1910)

Schmidt, Rud. — Rechtsmängelhaftung und überholende Kausalität in AcP. Bd. 152 (1952/53), S. 112 ff.

Schmitz, J. — Die Gefahrtragung bei Kauf und Werkvertrag im Gebiete des deutschen und romanischen Rechts (Rechtsvergleichende Darstellung). Diss. Greifswald (1918)

Schubert, W. — Deutsches Kaufrecht (1937)

Schwenn, H. — Die Gefahrtragung beim Rücktritt, in AcP. Bd. 152 (1952/53), S. 138 ff.

Stern, S. — Die Gefahrtragung (1910)

Titze — Die Unmöglichkeit der Leistung nach deutschem Bürgerlichen Recht (1900) (zit. Titze, die Unmögl.)

Vollmer — Die Bedeutung der Übergabe im § 446. Diss. Erlangen (1932)

Wetzmüller, W. — Der Übergang der Gefahr beim aufschiebend und auflösend bedingten Kauf sowie beim Kauf unter Eigentumsvorbehalt. Diss. Göttingen (1931)

Wirtz, K. — Der Charakter der Paragraphen 446 und 447 BGB. Diss. Köln (1927)

Wismeyer, E. — Das Prinzip des Gefahrübergangs beim Kauf. Diss. Erlangen (1910)

Zitelmann, E. — Übereignungsgeschäft und Eigentumserwerb an Bestandteilen, in Jherings Jahrbücher für die Dogmatik des heutigen römischen und deutschen Privatrechts. Bd. 70 (1912)

II. Ausländisches Recht

1. Amerika

American Law of Property	(A Treatise on the Law of Property in the United States). Vol. III (1952). Supplement 1956. Simpson-Manoley-Patton
Clark, G.	Summary of American Law (1949)
Williston, S.	The Law governing Sale of Goods, at common Law and under the Uniform Sales Act, Vol. 2 (1948). Supplement 1954

2. Belgien

Dekkers, R.	Précis de Droit Civil Belge. Tome II (1955)
De Page, H.	Traité élémentaire de Droit Civil Belge. Tome II. 2e éd. 1948 (zit. De Page II). Tome IV. 2e éd. 1951 (zit. De Page IV)
Waelbroeck, M.	Le transfert de la propriété dans la vente d'objets mobiliers corporels en droit comparé (1961)

3. England

Anson-Guest	Principles of the English Law of Contract and of Agency in its Relation to Contract. 21 ed. 1959
Benjamin-Finnimore-James	A Treatise on the Law of Sale of personal Property with references to the French Code and Civil Law. 8 ed. 1950
Cheshire, G.	The modern Law of Real Property. 8 ed. 1958
Curti, Ar.	Englands Privat- und Handelsrecht. Bd. I—II (1927)
James, Ph.	Introduction to English Law. 4 ed. 1959

4. Frankreich

Capitant, H.	De la cause des Obligations. 3e éd. 1927
Carbonnier, J.	Droit Civil. Tome 2, Partie 2. 1957
Code Civil Annoté	Fuzier-Herman-Demogue, Tome III. 1936. Art. 1134—1167 collaboration Hubert de la Massüe.
Colin-Capitant-Julliot de la Morandière	Traité de Droit Civil. Tome II. 1959
Heinsheimer	Die Zivilgesetze der Gegenwart. Bd. I, Frankreich, Code Civil (1932)
Josserand, L.	Cours de Droit Civil positif Français. Tome II. 3e éd. 1939 (zit. Josserand II)

Marty, G.-Raynaud, P. — Droit Civil. Tome II, 1er Volume. 1962

Mazeaud, H.-Mazeaud, J. — Leçons de Droit Civil. Tome II. 1956 (zit. Mazeaud II)

Planiol-Ripert-Boulanger — Traité de Droit Civil. Tome II. 1957 (zit. Planiol-Ripert-Boulanger II). Tome III. 1958 (zit. Planiol-Ripert-Boulanger III)

Planiol-Ripert-Esmein — Traité pratique de Droit Civil Français. Tome VI. 2e éd. 1952

5. Griechenland

Apostolidis, K. — Ἐνοχικὸν Δίκαιον τοῦ Ἀστικοῦ Κώδικος. Τόμ. 3. Εἰδικὸν Μέρος.

Balis, G. — Ἐνοχικὸν Δίκαιον (κατὰ τὸν Κώδικα). Γεν. Μέρος. Ἔκδ. 2. 1954

Emmanuel, D. — Der Kauf, nach geltendem griechischen Recht und nach dem griechischen Entwurf im Vergleich zum deutschen Recht. Diss. Hamburg (1937)

Gasis, A. — ἐν Ἑρμηνείᾳ τοῦ Ἀστικοῦ Κώδικος (ΕρμΑΚ)

Kaukas, K. — Ἐνοχικὸν Δίκαιον, Εἰδικὸν Μέρος. Τόμ. Α. 3. Ἔκδ. 1960

Ligeropoulo, Al. — Τὸ περὶ πωλήσεως Κεφάλαιον τοῦ Σχεδίου Ἐνοχικοῦ Δικαίου (ἄρθρ. 193—249). Θέμις, ΜΗ (1937), σελ. 613 ἑπ. Κίνδυνος, σελ. 622 ἑπ. (zit. Ligeropoulo I)

Ligeropoulo, Al. — Τὸ περὶ Ἀμφοτεροβαρῶν Συμβάσεων Τμῆμα τοῦ Ἐνοχικοῦ Δικαίου (ἄρθρ. 81—98). Θέμις ΜΗ (1937), σελ. 97 ἑπ. Κίνδυνος ἐπὶ Ἀμφοτεροβαρῶν Συμβάσεων, σελ. 109 ἑπ. (zit. Ligeropoulo II)

Ligeropoulo, Al. — Das Kaufrecht im Entwurf des griechischen Bürgerlichen Gesetzbuchs, in Zeitschrift für Ausländisches und Internationales Privatrecht. Bd. 12, S. 75 ff. (zit. Ligeropoulo III)

Michaelidis-Nouaros — ἐν Ἑρμηνείᾳ τοῦ Ἀστικοῦ Κώδικος (ΕρμΑΚ)

Papanikolau, P. — Ἑρμηνεία τοῦ Ἐνοχικοῦ Δικαίου κατὰ τὸν Ἀστικὸν Κώδικα. Πώλησις καὶ Ἀνταλλαγή (1950)

Triandaphyllopoulos, K. — Αἰτιολογικὴ ἔκθεσις τοῦ Εἰσηγητοῦ ἐπὶ τοῦ Προσχεδίου τοῦ Δικαίου τῶν Ἐνοχῶν. Κίνδυνος τοῦ πράγματος, σελ. 210, ἑπ. (zit. Triandaphyllopoulos I)

Triandaphyllopoulos, K. — Ἐνοχικὸν Δίκαιον, Πρακτικὰ τῆς Ἀναθεωρητικῆς Ἐπιτροπῆς τοῦ Ἀστικοῦ Κώδικος, σελ. 34 (zit. Triandaphyllopoulos II)

Tsirindanis, Al. — Ἡ Ἀγοραπωλησία ἐν τῷ Θαλασσίῳ Ἐμπορίῳ (1934)

Zepos, P. — Ἐνοχικὸν Δίκαιον, Α', Μέρος Γενικόν, 2. ἔκδ. 1955 (zit. Zepos I). Β' Μέρος Εἰδικόν, 2. ἔκδ. 1964 (zit. Zepos II)

Zepos, P. — Transfert du risque e de la propriété dans la vente de choses de genre, in Revue Hellenique de Droit International 8ème année (1955), No. 1, p. 42 et s.

6. Italien

D'Amelio-Finzi — Codice Civile, libro delle Obbligazioni, Vol. I (1948)

Barassi, L. — La teoria generale delle obbligazioni, Vol. III, 2. ed. 1948 (zit. Barassi III)

Barbero, D. — Sistema istituzionale del diritto privato Italiano, Vol. II, 4. ed. 1955

Messineo, Fr. — Dottrina generale del Contratto, 3. ed. 1948

Messineo, Fr. — Manuale di Diritto Civile e Commerciale, 9. ed. Vol. III. 1959 (zit. Messineo III)

Rubino, Dom. — La compravendita, 2. ed. 1962

Trabucchi, A. — Istituzioni di diritto civile, 13. ed. 1962

7. Österreich

Ehrenzweig, A. — System des österreichischen allgemeinen Privatrechts, Bd. II; 1. Hälfte: Recht der Schuldverhältnisse, 2. Aufl. 1928

Krasnoplski-Kafka — Österreichisches Obligationenrecht (1910)

Klang, H. — Kommentar zum Allgemeinen Bürgerlichen Gesetzbuch, Bd. II, II. Halbband 1934 (zit. Klang-Bettelheim)

Wolff, K. — Grundriß des österreichischen Bürgerlichen Rechts, 4. Aufl. 1948

8. Römisches Recht

Arangio-Ruiz, Vic. — Istituzioni di diritto romano, 13. ed. 1957

Dernburg-Biermann, — Pandekten, Bd. II, 7. Aufl. 1903

Jörs-Kunkel — Römisches Privatrecht, 3. Aufl. 1949

Kaser, M. — Das Römische Privatrecht. Erster Abschnitt: Das Altrömische, das Vorklassische und Klassische Recht 1955 (zit. Kaser I). Zweiter Abschnitt: Die Nachklassischen Entwicklungen (1959) (zit. Kaser II)

Sohm-Mitteis-Wenger — Institutionen, Geschichte und System des römischen Privatrechts, 17. Aufl. 1949

Windscheid-Kipp — Lehrbuch des Pandektenrechts, Bd. II, 9. Aufl. 1906

9. Schweiz

Becker — Obligationenrecht, in Gmür's Kommentar zum Schweizerischen Zivilgesetzbuch, Bd. VI/2, Besonderer Teil (1934)

Egli, W. — Die Gefahrtragung beim Kaufvertrag. Diss. Zürich (1926)

Guhl, I. — Das schweizerische Obligationenrecht. 5. Aufl. 1956

Oser-Schönenberger — Das Obligationenrecht, in Kommentar zum schweizerischen Zivilgesetzbuch, Bd. V/2, 2. Aufl. 1936

10. Skandinavisches Recht

Almén, T. — Das Skandinavische Kaufrecht, Bd. I—III (1922) (Deutsche Übersetzung von Neubecker)

11. Sowjetrußland

Gsovski, Vl. — Soviet Civil Law Vol. I (comparative survey) 1948. Vol. II (Translation). 1949

Sowjetisches Zivilgesetzbuch — Bd. I—II (1953), von Genkin, Bratus usw. (Übersetzung: Deutsches Institut für Rechtswissenschaft)

ABKÜRZUNGSVERZEICHNIS

aaO	am angegebenen Ort.
ABGB	Allgemeines bürgerliches Gesetzbuch für Österreich.
AcP	Archiv für die civilistische Praxis.
ALR	Allgemeines Landrecht für die Preußischen Staaten.
BayZ	Zeitschrift für Rechtspflege in Bayern.
BGH	Bundesgerichtshof (Entscheidungen des Bundesgerichtshofes in Zivilsachen).
br.m.tr.	brevi manu traditio.
BW	Burgerlijk Wetboek (Niederlande).
DNotZ	Deutsche Notarzeitschrift.
Fr.CC	Code Civil Français.
Gr.BGB	Griechisches BGB.
Gruchots Beitr.	Gruchot, Beiträge zur Erläuterung des Deutschen Rechts.
H.M.	Herrschende Meinung.
It.CC	Codico Civile Italiano.
JheringsJb	Jherings Jahrbücher für die Dogmatik des Bürgerlichen Rechts.
JW	Juristische Wochenschrift.
JZ	Juristenzeitung.
LG	Landgericht.
LZ	Leipziger Zeitschrift für Deutsches Recht.
MDR	Monatschrift für Deutsches Recht.
Mot.	Motive zum BGB.
M. R.	Mit Recht.
NJW	Neue Juristische Wochenschrift.
OGH	Oberster Gerichtshof für die Britische Zone (Entscheidungen des obersten Gerichtshofes für die britische Zone in Zivilsachen).
OLG	Oberlandesgericht (Die Rechtsprechung der Oberlandesgerichte auf dem Gebiete des Zivilrechts).
OR	Schweizerisches Obligationenrecht.
Prot.	Protokeolle.
Recht	Das Recht.
RG oder RGZ	Reichsgericht (Entscheidungen des Reichsgerichts in Zivilsachen).
RGSt	Rechtsprechung des Reichsgerichts in Strafsachen.
uU	unter Umständen.
Vgl.	Vergleiche.

VO	Verordnung.
WarnRspr. oder RG WarnRspr.	Rechtsprechung des Reichsgerichts, soweit sie nicht in der amtl. Sammlung der Entscheidungen des RG abgedruckt ist.
ZPO	Zivilprozeßordnung.
ZVG	Zwangsversteigerungsgesetz.

§ 1

DIE GEFAHRTRAGUNG IM RAHMEN DER SCHULD-VERHÄLTNISSE UND INSBESONDERE DES SYNALLAGMAS

I. Über den Begriff „Gefahr" im allgemeinen

Unter dem Begriff „Gefahr" versteht man gewöhnlich die Wahrscheinlichkeit des Eintritts eines Nachteils für die Person oder das Vermögen der Rechtssubjekte[1]. Diese Wahrscheinlichkeit stellt, wenn sie von keiner Person zu vertreten ist[2], den Gegenstand der Gefahrtragungslehre dar[3]. Aus diesem Begriff der „Gefahr" ergibt sich leicht, daß sein Inhalt sehr unbestimmt ist und daß er nicht so abstrakt ohne weiteres auf konkrete Fälle angewendet werden kann[4]. Diese Tatsache hat den Gesetzgeber zu

---

[1] *Künzli*, S. 1; *Mezger*, Strafrecht, Allg. Teil, 9. Aufl. 1960, § 29. II; *Schmitz*, S. 1; *Schönke-Schröder*, Strafgesetzbuch (Kommentar) 10. Aufl. 1961, S. 38 f. im Anschluß an *RGSt* 30, 179; *Stern*, § 2, I, 1; *Vollmer*, S. 1 f.; *Wetzmüller*, S. 6; *Gasis*, Art. 522, 8. Art. 932, *Code général des biens pour la principauté de Montenegro de 1888*, traduit par R. Dareste et Al. Rivière Paris. „On entend par risque (РИЗИК) l'éventualité d' un dommage, c'est-à-dire quant tu ne sais pas encore si tu l'éprouveras ou non, relativement à une certaine chose ou à une certaine affaire". Vgl. *Rubino*, Nr. 148; *Rümelin*, Der Zufall im Recht (1896), S. 12 ff.

[2] *Boettge*, S. 13; *Bettermann*, S. 110; *Egli*, S. 9/10; *Kisch*, § 6, I, Anm. 2; *Künzli*, S. 1; *Schmitz*, S. 2; *Schreuer*, § 76; *Schwenn*, S. 138; *Stern*, S. 6; *Wetzmüller*, S. 6 und 9; *Wismeyer*, S. 36; *Würdinger*, Vorbem. vor § 373, Anm. 78; *Code Civil Annoté III*, Art. 1138, Nr. 56; *Marty-Raynaud*, Nr. 285; *De Page II*, Nr. 841; *Planiol-Ripert-Boulanger II*, Nr. 500; *Rubino*, Nr. 148. Vgl. *Eisser*, § 1, I. *Contra Adler*, S. 389/90 im Anschluß an §§ 300, 324, II; er hält „zufällig" und „„unverschuldet" für gleichbedeutend. S. auch unten § 6, I.

[3] Das BGB gebraucht das Wort „Gefahr" in sehr vielen Paragraphen, deren Sinn von dem oben erwähnten Begriff der Gefahr nicht abweicht. S. z. B. a) Als *Gefahrtragung:* §§ 270, I, II; 379, II; 588, I, 1; 644, I, 1; 811, II, 1; 2380, 1; b) als *Gefahrübergang:* §§ 300, II; 446, I, 1 und II; 447, I; 459, I, 1; 480, II; 483; 484; 644, I, 2; c) als *drohende Gefahr:* §§ 228, I, 1; 229; 230; 254, II, 1; 268, I, 1, 2; 384, I. zw. Halbs.; 665, 2; 672, 2; 680; 834, I, 2; 904, 1; 908; d) *als gefahrdrohende Beschaffenheit einer Sache:* § 694; e) *als Lebens- oder Gesundheitsgefahr:* § 618, I. Vgl. auch *Endemann*, § 115, 2, Anm. 6; *Stern*, § 2, I, 1.

[4] Dies betont mit Recht *OGH*, 2, S. 204: **„denn der Ausdruck ‚Gefahr' ist für** sich allein, ohne Angabe um welche Gefahr es sich handelt, nicht verständlich" vgl. *Eisser*, § 1, III.). Für die Fassung ausländischer Gesetze s. unten § 3, I, 2, a, Anm. 8.

Unterscheidungen (z. B. Gefahr des Unterganges oder der Verschlechterung) bei den einzelnen Fragen m. R. geführt (s. unten § 3, I, 2).

Der Inhalt des Begriffes „Gefahr" im Rahmen des bürgerlichen Rechts ist von besonderer Wichtigkeit nicht nur in den oben erwähnten (Anm. 3) Paragraphen des BGB, sondern auch innerhalb der Bestrebungen zur Vereinheitlichung des Privatrechts auf internationaler Ebene[5].

II. Periculum rei

Bevor wir uns mit der Gefahrtragung beim Kauf befassen, müssen wir etwas über die dingliche Gefahrtragung oder „Periculum rei" und die Gestaltung der Gefahrtragungsfrage innerhalb der Schuldverhältnisse und insbesondere des Synallagmas sagen, um das Problem der Gefahrtragung beim Kaufvertrage besser verstehen zu können.

Die Gefahr kann entweder das Vermögen[6] einer Person in Ansehung eines Schuldverhältnisses, das diese Person mit einer anderen verbindet (s. unten III), treffen, oder ihr Vermögen als Gesamtheit von Rechten außerhalb irgendeines Schuldverhältnisses. Diesen letzten Fall kennzeichnet man meistens durch den üblichen Satz „casum sentit dominus". Dieser Satz, der trotz seiner lateinischen Fassung nicht römischer Herkunft ist, besagt, daß die Person, der ein Recht von der Rechtsordnung zugeordnet ist, und nur diese Person ein Recht verlieren kann, wenn die Sache, an der dieses Recht besteht, untergeht[7, 8]. Der Verlust des Rechtes[9] ist Ausfluß des Wegfalls des Gegenstandes und entspricht also der Natur der Sache[10]. Diese Gefahr nennt man manchmal „periculum rei"[11] oder „Ge-

---

[5] S. z. B. *Projet d' une Loi Uniforme sur la Vente Internationale des Objets* nommée par la Conférance de la Haye sur la Vente. La Haye 1956. Art. 108 ff.

[6] Nur die Gefahr, die sich auf das Vermögen einer Person bezieht, interessiert hier; die Gefahr, die die Person als solche treffen kann, kann im Rahmen dieser Arbeit nicht berücksichtigt werden.

[7] Wenn die Sache bloß verschlechtert wird, mindert sich der wirtschaftliche Wert des Rechtes (*Wismeyer*, S. 1/2.).

[8] *Boettge*, S. 14; *Erman-Böhle-Stamschräder*, § 446, 3; *Staudinger-Ostler*, § 446, 2; *Vollmer*, S. 2; *Wetzmüller*, S. 7. *Gasis*, Art. 522, 8; *Krasnopolski-Kafka*, § 24, S. 125/26.

[9] Nicht nur des Eigentumsrechts, sondern auch der anderen dinglichen Rechte (*Stern*, § 4, S. 4; *Wetzmüller*, S. 7; *Wismeyer*, S. 1/2).

[10] *Adenauer*, S. 1; *Boettge*, S. 14; *Martinius*, S. 62; *Stern*, § 4, S. 4 im Anschluß an *Brinz* (Pand. II, 277, 46); *Vollmer*, S. 2; *Wismeyer*, S. 1/2. *De Page II*, Nr. 852, Note 2. *Barbero*, Nr. 735. Diesen Satz hebt ausdrücklich das *ABGB* im § 1311 hervor: „Der bloße Zufall trifft denjenigen, in dessen Vermögen oder Person er sich ereignet."

[11] *Adenauer*, S. 1; *Boettge*, S. 13; *Palleske*, S. 52; *Wetzmüller*, S. 7; *Wismeyer*, S. 1/2. *„Risque de la chose": Capitant*, Nr. 132; *Marty-Raynaud*, Nr. 285;

fahr des Rechtes an sich"[12], oder „periculum juris"[13]. Das „periculum rei" als außervertragliche Erscheinung hat für die Frage der Gefahrtragung beim Kauf eine sehr geringe Bedeutung.

III. Die Gefahr im Rahmen der Schuldverhältnisse

Die Schuldverhältnisse stellen den Rahmen dar, in dem die eigentliche Frage der Gefahrtragung ihren Ausdruck findet. Hier spricht man herkömmlicherweise von Gefahrtragung im technischen Sinne[14]. Diese „Gefahrtragung" nennt man auch „periculum obligationis"[15]. Sie bezieht sich auf die Bestimmung desjenigen Vertragspartners, der die nachteiligen Folgen, die eine Leistungsstörung hervortreten läßt, tragen muß[16], und ist demzufolge von dem „periculum rei", das immer der Eigentümer bzw. der dinglich Berechtigte (s. oben II) trägt, scharf zu trennen[17].

Das „periculum obligationis" setzt zweierlei voraus: Es verlangt einerseits ein gültiges Schuldverhältnis[18], andererseits keine vollständige Erfüllung[19].

Als Teile des „periculum obligationis" von besonderer Bedeutung unterscheidet man die Leistungs- und die Gegenleistungsgefahr[20].

„Leistungsgefahr" nennt man „die Gefahr", die mit der Unmöglichkeit bzw. dem Unvermögen der Leistung des Schuldners verbunden ist[21]. Die

---

Planiol-Ripert-Boulanger II, Nr. 501. Von dem *„Periculum rei"* ist das *„Periculum aestimations"* scharf zu trennen. Diese Gefahr trägt selbstverständlich der Berechtigte, dessen Recht eine Wertminderung erlitten hat (*Stern,* §, S. 4; vgl. *Vollmer,* S. 3.)

12 *Stern,* § 4, S. 4; *Vollmer* S. 2; der erste spricht von „einer dinglichen Gefahrtragung".

13 *Stern,* § 4, S. 4.

14 *Palleske,* S. 52; *Stern,* § 5, I; *Vollmer,* S. 3.

15 *Adenauer,* S. 1; *Boettge,* S. 13; *Erman-Boehle-Stamschräder,* § 446, 3; *Palleske,* S. 52; *Staudinger-Ostler,* § 446, 2; *Wetzmüller,* S. 7; vgl. *Endemann,* § 152, 2. *„Risque du contrat": Capitant,* Nr. 132; *Marty-Raynaud,* Nr. 285; *Planiol-Ripert-Boulanger II,* Nr. 500.

16 Vgl. *Stern,* § 5, II, 2, b; *Schmitz,* S. 3.

17 S. *Capitant,* Nr. 136 gegen die Verfasser des franz. CC. *Klasen,* S. 12/13.

18 *Stern,* § 6, I, 1; *Egli,* S. 8.

19 Nach der vollständigen Erfüllung können wir nicht mehr von Gefahrtragung im obigen Sinne sprechen, weil es insoweit kein Schuldverhältnis mehr gibt (*Rubino,* Nr. 150). In diesem Falle gilt das *„periculum rei"* (*Palleske,* S. 52; *Wismeyer,* S. 1/2; *Zepos,* II, § 3, IV, 1, Anm. 3; vgl. *Leonhard II,* § 8, S. 17; *Wetzmüller* S. 8).

20 Über die Gegenleistungs- oder Preisgefahr s. unten § 1, IV.

21 *Esser,* § 103, 1; *Schwenn,* S. 138. Man nennt die Leistungsgefahr auch *„Sachgefahr"* (z. B. *Larenz I,* § 20, I, b, S. 225), oder *„Lieferungsgefahr"* (z. B. *BGB-RGRK-Kuhn,* § 446, Anm. 1; *Staudinger-Ostler,* § 442, 2), oder *„Schuldner-*

Stellungnahmen des BGB zu Fragen der Leistungsgefahr kann man in großen Zügen folgendermaßen zusammenfassen:

1. *Bei Speziesschuld.* Wenn die geschuldete Leistung vermöge eines Umstandes, den niemand zu vertreten hat, unmöglich wird, wird der Schuldner frei (§ 275, I, II)[22, 23]. Hier sagt man, daß immer der Gläubiger die Gefahr trägt[24]. Diese Lösung entspricht, soweit sie die konkret geschuldete Leistung betrifft, der Natur der Sache.

2. *Bei Gattungsschuld.* Hier handelt es sich um eine Unmöglichkeit nur im Falle des Unterganges der ganzen Gattung. In diesem Falle trägt der Gläubiger die Gefahr (§ 275). Bis zur Konkretisierung der geschuldeten Leistung trägt der Schuldner die Gefahr derjenigen Gegenstände, die er zu leisten beabsichtigte. Die Rechtfertigung dieser Lösung liegt in der Natur der Gattungsschuld als Beschaffungsschuld[25].

3. *Bei Vorratsschuld.* Mutatis mutandis gilt hierfür das über die Gattungsschuld Gesagte[26].

4. *Bei Wahlschuld.* Hier trägt der Schuldner die Gefahr bis zur Konkretisierung der Leistung (§ 265, 1)[27]. Von da an gelten die für die Speziesschuld gegebenen Vorschriften.

5. *Bei Ersetzungsbefugnis des Schuldners.* Der Gläubiger trägt die Leistungsgefahr[28], weil nur ein Leistungsgegenstand in obligatione steht. Insoweit gibt es hier eine Speziesschuld.

---

gefahr" (z. B. *Oertmann,* § 446, 1), oder *„Stückgefahr"* (z. B. *Heck,* § 83, 2). Die Bezeichnung „Sachgefahr" kann sehr leicht mit der Gefahr des „periculum rei" verwechselt werden. Die „Lieferungsgefahr" ist enger als die „Leistungsgefahr", sofern die letzte die ganze Leistung ergreift. Die Bezeichnung „Schuldnergefahr" enthält etwas Paradoxes; denn man könnte annehmen, daß es sich um eine Gefahr, die den Schuldner trifft, handelt, obwohl das Gegenteil gilt (s. unten Anm. 24). Auch „Stückgefahr" trifft den Wortsinn nicht.

[22] Bei anfänglicher Unmöglichkeit kann man nicht von „Gefahrtragung" sprechen, weil der Vertrag nach § 306 nichtig ist (S. oben § 1, III, Anm. 18). Anders bei anfänglichem Unvermögen des Schuldners.

[23] Ebenfalls das *französische* Recht: Art. 1302 Fr. CC. *Carbonnier,* Nr. 165; *Colin-Capitant-Julliot de la Morandière II,* Nr. 856; *Josserand II,* Nr. 366; *Marty-Raynaud,* Nr. 285; *Planiol-Ripert-Boulanger II,* Nr. 1962. Für das *griechische* Recht: Art. 336 Gr. BGB. *Balis,* § 49; *Gasis,* Art. 336, 5; *Zepos I,* § 30, I, 3; Für das *italienische* Recht: Art. 1256 It. CC. *Messineo,* XV, 11, III, A, a. Für das *römische* Recht: *Sohm-Mitteis-Wenger,* § 71, I, 3, S. 426/7. Für das *schweizerische* Recht: Art. 119, I (OR). *Egli,* S. 13/14. *Boettge,* S. 14; *Schmitz,* S. 4; *Schreuer,* § 76, S. 274; *Wetzmüller,* S. 9.

[24] *Kreß I,* § 19, 1, C, a. Vgl. *Stern,* S. 89.

[25] *Larenz I,* § 12, S. 123.

[26] *Larenz I,* § 12, S. 126.

[27] *Esser,* § 42, 3; *Larenz I,* § 12 a, I, S. 128; *Stern,* S. 24.

[28] *Esser,* § 42, 4; *Larenz I,* § 12 a, II, a, S. 129.

6. *Bei Ersetzungsbefugnis des Gläubigers.* Auch hier trägt der Gläubiger die Gefahr[29], weil nur ein Leistungsgegenstand in obligatione steht.

IV. Die Gefahrtragung im Rahmen des Synallagmas

Aus den bisherigen Betrachtungen ergibt sich, daß der Gläubiger (mit Ausnahme des Falles der Wahlschuld) im Rahmen der Schuldverhältnisse i. d. R. die Gefahr trägt. Dieser Grundsatz löst innerhalb des Synallagmas Wirkungen aus, die sich als notwendiger Ausfluß seines Wesens darstellen. Eine kurze Wiederholung bestimmter Prinzipien des Synallagmas erscheint zur Verdeutlichung der Gefahrtragungsfrage beim Kauf unentbehrlich.

Das Synallagma[30] besteht darin, daß ein Austausch von Leistungen zwischen den Vertragschließenden vereinbart wird[31]. Es ist gleichgültig, ob diese Leistungen objektiv gleichwertig sind; eine nach der Auffassung der Parteien (subjektive) Gleichwertigkeit der Leistungen genügt[32]. Dieses subjektive Leistungsgleichgewicht wirkt sowohl bei der Entstehung des Synallagmas *(genetisches Synallagma*[33]*:* d. h. kein gültiger Vertrag, wenn die Leistungspflichten nicht zugleich für beide Teile entstehen), wie bei

---

[29] *Larenz I,* § 12 a, II, b; vgl. *Esser,* § 42, 4.

[30] Das Wort „Synallagma" ist griechischer Herkunft (*Leonhard I,* § 160, S. 336, bezeichnet es als einen „Barbarischen [!!!] Namen"). Seinem Wesen nach enthält es einen Austausch von Leistungen. Der Ausdruck „gegenseitiger Vertrag" ist irreführend, weil jeder Vertrag bei seiner Entstehung auf gegenseitigen Erklärungen beruht (so m. R. *Leonhard I,* § 159, S. 334). Den Ausdruck „Synallagma", gebraucht auch der Fr. CC, Art. 1102: „Le contrat est *synallagmatique* ou bilatéral lorsque les contractans s'obligent réciproquement les uns envers l'autres".

[31] *Crome,* § 167, I; *Larenz I,* § 18, I, S. 192; *Leonhard I,* § 159, S. 335; *Siber,* § 44, I, 1. *Balis,* § 79; *Michaelidis-Nouaros,* Vorbem. vor Art. 374—388, 8. Vgl. *Achilles-Greiff-Kieckebusch,* S. 170; *Enneccerus-Lehmann,* § 32, II; *Heck,* § 42, 2, die als Kernpunkt des Synallagmas die Tatsache sehen, daß die Leistung der einen Partei das Entgelt für die andere Leistung darstellt; *Hedemann,* § 11, I, betrachtet es als „Konfrontation" der Leistungen. Das Abhängigkeitsverhältnis der Leistung betonen u. a. *Boettge,* S. 15; *Kohler,* § 87, V 1; *Wirtz,* S. 2. Für das *französische* Recht z. B. *Marty-Raynaud,* Nr. 284; *Mazeaud II,* Nr. 1107; *Planiol-Ripert-Boulanger II,* Nr. 503; *De Page II,* Nr. 841. Für das *griechische* Recht: *Zepos I,* § 20, I, 1. Für das *italienische* Recht: *Messineo,* VIII, 2 a; *Messineo,* III, § 135, 2, A, a.

[32] *Achilles-Greiff-Kieckebusch,* S. 170; *Crome,* § 167, I; *Enneccerus-Lehmann,* § 32, I, 2 a; *Larenz I,* § 18, I, S. 192; *Leonhard I,* § 159, S. 335; *Siber,* § 44, I, 1; *Titze,* § 19, 2, S. 69; *RG* 81, 365; 107, 127; *BGH,* 15, 105.

[33] *Crome,* § 168, 1; *Esser,* § 19, 1; *Heck,* § 42, 4; *Kohler,* § 87,V, 1 a; *Larenz I,* § 18, I, S. 192; *Leonhard I,* § 160, 1, S. 336; *Siber,* § 44, I, 2 b; *Titze,* § 19, 2, S. 69.

seiner Funktion *(funktionelles Synallagma*[34]). Die wichtigsten Folgen des funktionellen Synallagmas, die uns hier besonders interessieren, betreffen die Frage der Gefahrverteilung im Falle der Unmöglichkeit der Leistung. Der allgemeine Grundsatz „creditoris est periculum", den wir bereits im Rahmen der Schuldverhältnisse erkannt haben, gilt auch hier[35]. Jeder Schuldner innerhalb des Synallagmas — beide Parteien sind zugleich Schuldner und Gläubiger, wie sich aus dem Austauschcharakter des Synallagmas ergibt — wird von seiner Leistungspflicht frei, soweit die ihm obliegende Leistung zufällig unmöglich wird[36]. Wie steht es aber mit seinem Anspruch auf die Gegenleistung? Wer trägt also die sog. „Gegenleistungsgefahr"[37]? Es liegt der konkreten Rechtsordnung ob, Bestimmungen zu treffen, die die Gefahrverteilung billigerweise regeln. Im Gegensatz zum römischen Recht[38] hat das BGB einen Weg beschritten[39], der weitgehend den berechtigten Interessen der Parteien gerecht wurde: „Wird die aus einem gegenseitigen Vertrage dem einen Teil obliegende Leistung infolge eines Umstandes unmöglich, den weder er noch der andere Teil zu vertreten hat, so verliert er den Anspruch auf die Gegenleistung", § 323, I, 1[40]. Nach

---

[34] *Esser*, § 19, 2; *Heck*, § 42, 5; *Kohler*, § 87, V, 1 a; *Larenz I*, § 18, I, S. 192 ff.; *Leonhard I*, § 160, 2 und 3, S. 336; *Siber*, § 44, I, 2 ac; *Titze*, § 19, 2, S. 69; vgl. *Crome*, § 162, 2.

[35] *Schmitz*, S. 4; vgl. *Griesbach*, S. 20.

[36] *Crome*, § 170, I, 1, Anm. 5; *Hedemann*, § 20, III, a; *Larenz I*, § 20, I, b, S. 226.

[37] S. z. B. *BGB-RGRK-Kuhn*, § 446, Anm. 1: *„Vergütungs- oder Preisgefahr"*; *Eisser*, § 1, III: *„Preisgefahr"*; *Erman-Groepper*, Vorbem. zu §§ 323—327, 7 a: *„Gefahr der Gegenleistung"*, *„Vergütungsgefahr"*; *Esser*, § 103, 1: *„Preisgefahr"*; *Heck*, § 83, 2: *„Entgeltsgefahr oder Preisgefahr"*; *Larenz I*, § 20, I b, S. 226: *„Preis- oder Vergütungsgefahr"*; *Leonhard II*, § 13, S. 26: *„Preisgefahr"*; *Oertmann*, § 446, 1: *„Preis- oder Gläubigergefahr"*; *Rabel II*, § 111, II, 1: *„Preisgefahr"*; *Staudinger-Ostler*, § 446, 2: *„Vergütungsgefahr"*. Der Ausdruck „Preisgefahr" ist eng und wird dem Synallagma wenig gerecht, weil die Gegenleistung sich nicht immer als Preis darstellt; das Wort „Preis" ist dem Wort „Geld" verwandt. Der Ausdruck „Gläubigergefahr" ist irreführend, weil hier der Schuldner die Gefahr trägt. Besser ist die Bezeichnung „Gegenleistungsgefahr", die die Abhängigkeit und die im Austauschrahmen hervortretende Konfrontation der Leistungen am einleuchtendsten kennzeichnet.

[38] Das römische Recht vertrat (im einzelnen streitig, näher unter § 2, II, S. 14) für den wichtigsten Fall (den Kauf) das Prinzip periculum est emptoris (vgl. unten § 2, II), d. h. ist das Schuldverhältnis einmal entstanden, dann bleibt jeder Teil an seiner Verpflichtung gebunden, auch wenn er seine Ansprüche verliert (so m. R. *Crome*, § 168, 2; *Dernburg-Biermann II*, § 20, 1).

[39] Mot. II, S. 206.

[40] *Achilles-Greiff-Kieckebusch*, § 323, 1; *Crome*, § 170, I, 1; *Esser*, § 81, 2; *Heck*, § 43, 1; *Hedemann*, § 20, III a; *Kreß I*, § 19, 1, C, b; *Larenz I*, § 20, I b, S. 226; *Leonhard I*, S. 480; *Siber*, § 44, III, 1; *Titze*, § 31, 2 a, S. 109. Für das *belgische* Recht: *De Page II*, Nr. 841. Für das *französische* Recht: *Carbonnier*,

dieser Bestimmung trägt der Schuldner die „Gegenleistungsgefahr“[41]. Diese Lösung steht mit dem Austauschcharakter (do ut des) des Synallagmas in vollem Einklang, stellt das Gegenstück zur Befreiung des Schuldners dar und vereitelt ungerechtfertigte Vermögensvorteile[42].

Nr. 165, Aa; *Colin-Capitant-Julliot de la Morandière II*, Nr. 880; *Josserand II*, Nr. 369; *Marty-Raynaud*, Nr. 285, S. 254 und Nr. 286; *Planiol-Ripert-Boulanger II*, Nr. 503. Diesen Satz regelt der fr. CC nicht ausdrücklich. Eine wichtige Ausnahme von diesem Grundsatz gilt gemäß Art. 1138 CC in bezug auf Verträge, die „translatifs de propriété“ sind *(Colin-Capitant-Julliot de la Morandière II*, Nr. 880; *De Page II*, Nr. 841; *Mazeaud II*, Nr. 1107). Für das *griechische* Recht: Art. 380, I; *Balis*, § 82; *Michaelidis-Nouaros*, Art. 380; *Zepos I*, § 30, II, 1. Für das *italienische* Recht: Art. 1463, It. CC; *Messineo VIII*, 2 a; *Messineo III*, § 113, 9bis, Aa, der m. R. Art. 1463 It. CC als Ausdruck der „giustizia commutativa“ betrachtet. Dieser Artikel wird aber durch Art. 1465 modifiziert (*Messineo III*, § 113, 10, Ba). Für das *schweizerische* Recht: Art. 119, II OR.

[41] S. vor. Anm. und *Adenauer*, S. 8; *Kreß I*, § 19, I, C, b; *Schmitz*, S. 4; *Stern*, S. 58; *Wetzmüller*, S. 10. Abweichend *Boettge*, S. 20 ff.

[42] S. *Heck*, § 43, 1 der m. R. die Rechtfertigung dieses Prinzips in der Lehre der ungerechtfertigten Bereicherung sieht. Für ausländische Rechte s. Anm. (40) und die dort Genannten.

§ 2

DIE GRUNDSÄTZE DER GEFAHRTRAGUNG BEIM KAUF IN RECHTSVERGLEICHENDER PERSPEKTIVE

I. Synallagmatisches Prinzip

Wie oben (§ 1, IV) dargelegt wurde, beruht die im BGB festgelegte Regelung in Ansehung der Unmöglichkeit der Leistung im Rahmen des Synallagmas auf dem Prinzip der gleichzeitigen Befreiung sowohl des Schuldners als auch des Gläubigers: Der Gläubiger trägt die Leistungsgefahr, der Schuldner die Gegenleistungsgefahr. Dieses Prinzip können wir als „Synallagmatisches Prinzip" bezeichnen.

1. *Nähere Folgen des Synallagmatischen Prinzips in Ansehung der Gefahr.* Eine nähere Betrachtung dieses Prinzips führt angesichts des Kaufvertrages zu folgenden Ergebnissen (Über die Frage, ob das *BGB* dieses Prinzip für den Kaufvertrag modifiziert hat oder nicht, s. oben S. 8 Hier müssen wir der Klarheit halber seine Funktion in bezug auf die Gefahrtragung etwas eingehender betrachten):

a) Bei völliger Unmöglichkeit der Leistung infolge des Unterganges des Kaufgegenstandes vor Übergabe wird zwar der Verkäufer frei, verliert aber seinen Anspruch auf die Gegenleistung, nämlich den Kaufpreis (§ 323, I, 1. Halbs.).

b) Bei teilweiser Unmöglichkeit der Leistung wird der Verkäufer angesichts des noch nicht erbrachten Teils frei; er behält also seinen Anspruch auf den Kaufpreis nur in bezug auf seine schon bewirkte Leistung (§ 323, I· 2. Halbs.).

Unter der teilweisen Unmöglichkeit der Leistung verstehen wir nicht nur eine quantitative[1], sondern auch eine qualitative[2]. Der qualitativ schlechte Zustand der Kaufsache kann ihre physische Existenz *(physisch qualitative teilweise Unmöglichkeit)* oder ihre juristische *(juristisch quali-*

---

[1] So z. B. *Esser,* § 77, 5; *Larenz I,* § 20, I, b, S. 227.

[2] H. M. *BGB-RGRK-Nastelski,* § 275, Anm. 38; *Enneccerus-Lehmann,* § 47, III; *Erman-Groepper,* § 275, 5; *Leonhard I,* § 138, S. 203; *Schlegelberger-Vogels-Weitnauer,* § 266, 3 e; *Wetzmüller,* S. 13/14; *Contra: Staudinger-Werner* (Bd. II, 1 c, L. 2, 1962), § 275, 18.

tative teilweise Unmöglichkeit[3]) betreffen. Die Annahme aller dieser drei Fälle der teilweisen Unmöglichkeit ergibt sich aus dem Begriff der „Leistung“ überhaupt, auf die sich die Unmöglichkeit bezieht, als eines Komplexes nicht nur quantitativer, sondern auch qualitativer Eigenschaften, die ihren Inhalt bestimmen[4].

Gemeinsame Voraussetzung der teilweisen Unmöglichkeit ist, daß der fehlende Teil oder die fehlende Qualität das Wesen der geschuldeten Leistung, wie es der Vertragszweck und dieVerkehrsauffassung (objektive Kiterien) ergeben, nicht ändern[5]. Eine Änderung des Wesens der Leistung löst vollständige Unmöglichkeit aus (s. Anm. 5). Aus diesem Zusammenhang erwächst die Frage, ob das Unvermögen des Verkäufers, der nach § 433, I sowohl zur Eigentumsverschaffung als auch zur Übergabe der Kaufsache verpflichtet ist, Eigentum zu verschaffen bzw. die Sache zu übergeben, eine völlige oder eine teilweise Unmöglichkeit darstellt. Die Tatsache, daß einerseits die Eigentumsverschaffung, andererseits die Verschaffung des unmittelbaren Besitzes der Kaufsache als zwei gleichwertige Pflichten des Verkäufers eine unteilbare und einheitliche Leistung[6] dar-

---

[3] Auch Rechtsmängel, soweit sie das Wesen der geschuldeten Leistung nicht ändern, können eine teilweise Unmöglichkeit im obigen Sinne auslösen (so m. R. *Staudinger-Ostler*, § 440, 12; *Titze*, S. 46).

[4] Dies trifft bei Gattungsschulden zu, weil der Verkäufer eine bestimmte Qualität (Sachen mittlerer Güte) (§ 243, I) schuldet (so m. R. *Leonhard I*, § 138, S. 304). Bei den Speziesschulden hat der Käufer nur die Rechte der Gewährleistung. Es handelt sich nicht um eine Unmöglichkeit (auch teilweise), soweit eine bestimmte Qualität nicht geschuldet wird (s. *Leonhard I*, § 138, S. 304 und § 260, S. 498 ff.).

[5] H. M. *BGB-RGRK-Nastelski*, § 275, Anm. 38; *BGB-RGRK-Wilde*, § 323, Anm. 7; *Erman-Groepper*, § 323, 4; *Griesbach*, S. 23; *Soergel-Reim. Schmidt*, § 323, 2; *Staudinger-Ostler*, § 440, 8 (bb); *Wetzmüller*, § 13/14. Zu demselben Ergebnis kommen auch diejenigen, die die Frage aus der Teilbarkeit oder Nichtteilbarkeit der Leistung lösen wollen. So z. B. *Kisch*, § 16, II, S. 165; *Schlegelberger-Vogels-Weitnauer*, § 275, 8; *Soerger-Reim. Schmidt*, § 280, 3; *Staudinger-Werner* (Bd. II, I, 1930) Vorbem. zu §§ 275—282 A, I, 2, c, α; *dieselben* (Bd. II, 1 c, L. 2, 1962). Vorbem. zu §§ 275—292, 28. S. auch *RG* 140, 383; 168, 128; 170, 259; *RG WarnRspr.* 1925, Nr. 21; *OGH* NJW 1949, 943. Vgl. *Künzli*, S. 18; *Leonhard I*, § 138, S. 303 f.; *Martinius*, S. 51; *Contra Rud. Schmidt*, S. 112 und *Wismeyer*, S. 63, die die Besitzverschaffung ohne die Möglichkeit der Eigentumsverschaffung als teilweise Unmöglichkeit betrachten.

[6] *Contra*, die herrschende Meinung, die eine Selbständigkeit und ein Nebeneinanderstehen dieser Leistungen annimmt. S. z. B. *BGB-RGRK-Kuhn*, § 433, Anm. 160; *Oertmann*, § 433, 2 a, γ; *Planck-Knoke*, § 433, 6 a, γ; *Staudinger-Ostler*, § 433, 99; *RG*, 95, S. 106. Diese Meinung übersieht die Einheit des durch die Leistung bezweckten Erfolges und die Tatsache, daß ein Vertrag, der den einen Teil nur zur Eigentumsverschaffung oder zur Besitzübergabe verpflichtet, keinen Kaufvertrag im Sinne des § 433, I darstellen kann, sondern ein aliud. Für diese richtige, aber nicht herrschende Meinung s. Anm. 7.

stellen, spricht für eine völlige Unmöglichkeit in bezug auf beide Fälle[7]. Dies führt hinsichtlich der Gefahrtragung, zunächst noch abgesehen von § 446 BGB, zu den folgenden Ergebnissen:

α) Der Verkäufer trägt die „Gegenleistungsgefahr" bis zur vollständigen Erfüllung[8], d. h. bis zur Eigentums- und Besitzverschaffung.

β) Hat er nur den Besitz dem Käufer übergeben und geht die Kaufsache nach der Übergabe zufällig unter, dann kann er ihm nicht mehr Eigentum an dieser Sache verschaffen[9]. Der Verkäufer trägt also nicht nur das „periculum rei" (s. oben § 1, III), sondern auch die „Gegenleistungsgefahr", weil die Unmöglichkeit zur Eigentumsverschaffung eine vollständige Unmöglichkeit (s. oben § 2, I, 1 b) darstellt (s. auch Anm. 8 und die dort Angegebenen).

γ) Hat er dem Käufer nur das Eigentum verschafft und schuldet ihm nach dem Vertragsinhalt noch den Besitz, dann wird bei einem späteren Untergang der Kaufsache der Käufer frei, weil die Unmöglichkeit zur Besitzverschaffung eine vollständige Unmöglichkeit darstellt (s. oben § 2, I, 1 b). (S. aber auch Anm. 8). Hier trägt also der Käufer das „periculum rei", der Verkäufer die „Gegenleistungsgefahr".

δ) Die Gegenleistungsgefahr in bezug auf eine nach der Übergabe (Fall β) erfolgte Verschlechterung der Sache trägt der Käufer[10], weil diese Verschlechterung, soweit sie keine das Wesen der Leistung ändernde Verschlechterung ist[11], sich auf die physische Qualität der Sache bezieht; wenn

[7] So mit Recht *Griesbach*, S. 23; *Reinecke*, S. 15/16. Die Unmöglichkeit zur Eigentumsverschaffung betrachten ausdrücklich als völlige Unmöglichkeit: *Kisch*, § 16, I, 2, S. 163; *Planck-Knoke*, § 446, 2 b, α; *Titze*, die Unmögl. S. 44, *contra Rud. Schmidt*, S. 112 und *Wismeyer*, S. 63, die hier eine teilweise Unmöglichkeit sehen; der erste gibt aber zu, daß der Käufer meistens kein Interesse an einer solchen Leistung hat, und er gewährt ihm die Rechte der §§ 325, 326, 280, II, vgl. weiter Anm. 5.

[8] *Adenauer*, S. 46; *BGB-RGRK-Kuhn*, § 446, Anm. 1; *Enneccerus-Lehmann*, § 103, I; *Erman-Groepper*, Vorbem. §§ 323—327, 7 a; *Kisch*, § 8, II, 4; *Künzli*, S. 10; *Larenz II*, § 38, II; *Martinius*, S. 51 ff.; *Palandt-Gramm*, § 446, 2; *Vollmer*, S. 69; *Wismeyer*, S. 51; *Würdinger*, Vorbem. vor § 373, Anm. 78; *RGZ*, 85, 321. Siehe aber Anm. 6 (in bezug auf die Eigentums- bzw. die Übergabepflicht), wo die herrschende Meinung zu einer teilweisen Unmöglichkeit führt. Vgl. auch Anm. 5 und 7.

[9] *Heck*, § 83, 6 a, sieht hier eine „konstruktive" Schwierigkeit. Er übersieht aber, daß die Nichtverwirklichung des Eigentumsübergangs bei der Übergabe manchmal im Interesse des Verkäufers (z. B. Kauf unter Eigentumsvorbehalt) geschah. Dies aber führt zu dem Ergebnis, daß eine Befreiung des Verkäufers mit der bloßen „Übergabe" nicht unter allen Umständen gerecht ist. S. auch § 2, V, 5, Anm. 45.

[10] So m. R. *Heck*, § 83, 6 a.

[11] Sonst liegt vollständige Unmöglichkeit zur Eigentumsverschaffung des Verkäufers vor, weil die verschlechterte Sache nunmehr ein aliud darstellt und die Pflicht zur Eigentumsverschaffung der geschuldeten Sache betrifft das aliud nicht.

also der Verkäufer durch die Übergabe einer schuldgerechten Kaufsache seiner Pflicht nachgekommen ist, darf er nicht nachträglich als hinsichtlich seiner bereits erfüllten Pflicht in Unmöglichkeit geraten betrachtet werden[12].

ε) Die Gegenleistungsgefahr in Ansehung einer Verschlechterung, die das Wesen des geschuldeten Kaufgegenstandes nicht ändert (phys. qual. teilw. Unmögl.), trägt im Falle γ der Verkäufer, weil er seiner Übergabepflicht noch nicht genügte.

στ) Für Rechtsmängel, die keine vollständige Unmöglichkeit (jur. qual. teilw. Unmögl.) herbeiführen, trägt der Verkäufer im Falle β die Gefahr, weil er seiner Leistungspflicht (Eigentumsverschaffung) noch nicht nachgekommen ist; die Rechtsmängel betreffen die Eigentumsverschaffungspflicht, nicht die physische Existenz der Sache.

ζ) Rechtsmängel, die zufällig nach der Eigentumsverschaffung im Falle γ hervortreten, treffen den Käufer. Soweit der Verkäufer seiner Eigentumsverschaffungspflicht entsprochen hat, darf ihm nicht mehr die „Gegenleistungsgefahr" bezüglich dieser bereits erfüllten Pflicht aufgebürdet werden (vgl. oben δ; vgl. auch unten § 6, III, 1 b—c, III, 2 a).

2. Meines Wissens hat keine Gesetzgebung das synallagmatische Prinzip, obwohl es allgemein von großer Bedeutung ist, beim Kaufvertrage in vollem Umfang durchgeführt[13]. Die Gründe sind verschiedener Natur. Die meisten Rechte sind aus dem römischen Recht hervorgegangen. Das römische Recht hatte nie eine einheitliche Theorie für gegenseitige Verträge entwickelt. Der Kaufvertrag war das Vorbild, aus dem die neuere Rechtswissenschaft durch Analogieschluß die Prinzipien des Synallagmas allgemein entwickelt. Das römische Recht hat aber in bezug auf die Gegenleistungsgefahr das entgegengesetzte Prinzip, nämlich das Vertragsprinzip (s. unten § 2. II). Auch das auf den Ausführungen der Naturrechtslehre beruhende „Eigentumsprinzip" (s. unten § 2, III) hat einen sehr großen Einfluß auf die Gestaltung der Rechte vieler Nationen ausgeübt, wie die folgende Darstellung zeigen wird. Bestimmte konstruktive Schwierigkeiten (s. oben § 2, I, 1 b β, Anm. 9) des synallagmatischen Prinzips haben auch andere Gesetzgeber zu seiner Modifizierung und näheren Ausgestaltung („Traditionsprinzip") veranlaßt. (S. unten § 3, I, 1.) Dieses letztgenannte Prinzip hat auch in das BGB Eingang gefunden.

II. Das Vertragsprinzip

Unter „Vertragsprinzip" versteht man den Grundsatz, daß die „Gegenleistungsgefahr" mit dem Abschluß des Kaufvertrages auf den Käufer

---

[12] Mit Recht betont *Heck*, § 43, 3 b: „Eine bereits erfüllte Pflicht kann nicht unmöglich werden."

[13] Vgl. *Rabel II*, § 111, II, 1.

übergeht, obwohl dieser noch nicht Eigentümer wird, weil zur Eigentumsverschaffung der bloße Kaufvertrag nicht genügt. Das „Vertragsprinzip" war einer der bedeutendsten Grundpfeiler des römischen und demzufolge des gemeinen Rechts[14]. Dieses Prinzip gilt auch heute noch in Staaten, in denen der Kaufvertrag keine dingliche Wirkung hat[15].

Als Voraussetzung des Gefahrübergangs auf den Käufer verlangt dieses Prinzip eine Perfektion des Kaufvertrages, d. h. unbedingten Abschluß und Bestimmung sowohl des Preises als auch des Kaufgegenstandes[16].

Die Versuche der gemeinrechtlichen Theorie, dogmatische und den berechtigten Interessen entsprechende Grundlagen des „Vertragsprinzips" zu entwickeln, stellen sich als Meisterwerke der Begriffsjurisprudenz dar[17].

Zwischen dem synallagmatischen und dem Vertragsprinzip stehen das Eigentums- und das Traditionsprinzip.

---

[14] I, 3, 23, 3 „Cum autem emptio et venditio contracta sit (quod effici diximus, simulatque de pretio convenerit, cum sine scriptura res agitur), periculum rei venditae statim ad emptorem pertinet, tametsi adhuc ea res emptori tradita non sit"; D 18, 6, 8 (Paulus) „nam perfecta emptione periculum ad emptorem respiciet". Für weitere Hinweise siehe: *Dernburg-Biermann II*, § 96, S. 263 ff.; *Otto von Gierke*, § 192, IV, 1; *Jörs-Kunkel*, § 141, 2; *Kaser I*, § 131, 1, IV, S. 460; *Kaser II*, § 264, II, S. 282/83; *Sohm-Mitteis-Wenger*, § 71, I, 3, S. 427; *Windscheid-Kipp*, § 390, S. 660 ff. Die Frage, ob dieses Prinzip dem klassischen römischen Recht angehöre, oder eine Interpolation der justinianischen Gesetzgebung sei, ist heute noch umstritten. S. z. B. *B. Biondi*, Istituzioni di diritto Romano, ed. 3. 1954, § 121, I, 2, Anm. 24; *Jörs-Kunkel*, § 141, 2; *Kaser I*, § 131, 1, IV, S. 460; *Rabel II*, § 111, 3 a, S. 299 ff.; *Sohm-Mitteis-Wenger*, § 71, I, 3, Anm. 8; *Pasc. Voci*, Istituzioni di diritto Romano, ed. 3. 1954, § 109, 2.

[15] Z. B. *Chile:* Código Civil (1855/1944/1952), Art. 1820. *Columbien:* Código Civil (1873/1887), Art. 1876. *Cuba:* Código Civil (1899), Art. 1452. *Equador:* Código Civil (1860/1950), Art. 1811. *Honduras:* Código Civil (1906), Art. 1611. *Japan:* (Minpa = BGB), 1896/1947 (Deutsche Übersetzung von *K. Vogt*, 1956, § 534, I (vgl. aber § 176: „Begründung und Übertragung dinglicher Rechte werden durch bloße Willenserklärung der Parteien bewirkt" und § 178 „Die Übertragung dinglicher Rechte an beweglichen Sachen kann Dritten nur entgegengesetzt werden, wenn die Übergabe der Sache erfolgt ist"). *Niederlande:* BW (1838), Art. 639, 1496; *Waelbroeck*, Nr. 48 f. *Schweiz:* OR (1911/1936/1949), Art. 185, I. *Spanien:* Código Civil (1888/1889), Art. 1452, 1182. *Türkei:* OR (1926), Art. 183. S. auch *Eisser*, § 3, I, 1; *Künzli*, S. 9; *Rabel II*, § 113, 1 a; *Schlegelberger, D.*, § 13, 1 a; *Siber*, § 50, II, 5, Anm. 9.

[16] D. 18, 6, 8 *(Paulus)* „et si id quod venierit appareat quid quale quantum sit, sit et pretium, et pure venis, perfecta est emptio" (S. auch *Crome*, § 213, Anm. 5, S. 414; *Dernburg-Biermann II*, § 96, a—c; *Dernburg-Raape*, § 174, I; *Jörs-Kunkel*, § 141, 2 a; *Kaser I*, § 131, 1, IV, S. 461; *Sohm-Mitteis-Wenger*, § 71, I, 3, S. 427; *Windscheid-Kipp*, § 390, 1.)

[17] Eine Zusammenstellung der wichtigsten Theorien findet man bei: *Dernburg-Biermann II*, § 96, Anm. 3; *Windscheip-Kipp*, § 321, Anm. 19 a. Von diesen Theorien sind hervorzuheben: 1. Die *„Verschuldungstheorie"* von *Rud. v. Jhering*

III. Eigentumsprinzip

Nach dem „Eigentumsprinzip" geht die „Gegenleistungsgefahr" mit dem Eigentumsübergang auf den Käufer über[18]. Dieses Prinzip gilt meist

(*Jhering* in *JheringsJb.* Bd. III, S. 462 ff.). Nach dieser Theorie trägt der Käufer die Gefahr, weil er (der Käufer) „an dem Aufschub der sofortigen Erfüllung schuld sei", S. 464. 2. Die *„Entäußerungstheorie"* von *Windscheid* (*Windscheid-Kipp,* § 390): „Der Grund dieses Satzes ist die Entäußerungsnatur des Kaufs, welche zu der Auffassung geführt hat, daß die Kaufsache, was das Verhältnis zwischen den Parteien angeht, auch ohne Tradition als aus dem Vermögen des Verkäufers ausgeschieden und in das Vermögen des Käufers übergegangen angesehen wird." 3. Die *„Theorie der Selbständigkeit der Ansprüche aus den synallagmatischen Verträgen"* von *Dernburg* (*Dernburg-Biermann II,* § 20 a): „Mit dem Abschlusse des Synallagmatischen Vertrages — insbesondere des Kaufgeschäftes — erhält jeder der Kontrahenten einen selbständigen und klagbaren Anspruch auf die ihm versprochene Leistung" und S. 57: „Das römische Recht ging historisch und dogmatisch von der Selbständigkeit gegenseitiger Obligationen aus". Der Meinung von Dernburg folgen auch einige französische Schriftsteller. S. z. B. *Colin-Capitant-Julliot de la Morandière II,* Nr. 877, im Anschluß an *V. Girard; Mazeaud II,* Nr. 1117; *Planiol-Ripert-Esmein VI,* Nr. 414, Anm. 1. *Rubino,* Nr. 151, S. 455; vgl. *Arangio-Ruiz,* S. 343. Überbleibsel der „Verschuldungstheorie" von *Jhering* findet man auch heute im Rahmen des schweizerischen Rechts. S. z. B. *Becker,* Art. 185, 3: „es sei, weil der Kauf sofort vollziehbar sei, als Saumsal des Käufers anzusehen, wenn er nicht den sofortigen Vollzug verlange". Vgl. auch *Oser-Schönenberger,* Art. 185, 2. Zu dem „Vertragsprinzip" führt auch die von *Krückmann,* S. 56 ff. in bezug auf Speziessachen entwickelte Theorie (s. unten § 2, V, 2, Anm. 41). Andere nehmen an, daß das römische Recht den Barkauf im Auge hatte, bei dem zwischen Abschluß und Erfüllung des Kaufvertrages kein Zeitraum blieb. Dies geschah bei der alten bäuerlichen Manzipation, die die weitere Entwicklung der Gefahrtragungsfrage stark beeinflußt hat. S. z. B. *Kaser I,* § 131, 1, IV, S. 460; *Leonhard II,* § 7, S. 15. Vgl. auch *Gasis,* Art. 522, 2; *Triandaphyllopoulos II,* S. 34.

Heck, § 84, 4 sieht die Rechtfertigung in der Tatsache, daß der Verkäufer vom Kaufabschluß ab spekulieren kann: „Jede Wertsteigerung kommt ihm zugute". Aber wo findet der Sachuntergang seinen Ausgleich? So m. R. gegen diese Ansicht: *Ligeropoulo I,* S. 623; *derselbe III,* S. 96; *Mazeaud II,* Nr. 1117; *Planiol-Ripert-Esmein VI,* Nr. 414; *Waelbroeck,* Nr. 199, S. 175.

18 *Amerika:* Hinsichtlich beweglicher Sachen *(goods = Waren): Un. Sal Act.* **Sect. 22;** *Clark,* Sales, Chapt. II. § 9, 303/04; *Corpus juris secundum,* Vol. 77, Sales. § 28, 6 a; *Williston 2,* § 301. *Bei Grundstücken:* Mit dem Abschluß des Kaufvertrages wird der Käufer nach dem Rechte der Billigkeit Eigentümer und als solcher trägt er h. Meinung nach die Gefahr, s. *American Law of Property,* § 11, 30, S. 90. Heute gibt es eine gesetzgeberische Tendenz (Uniform Vendor and Purchasers Risk Act) zur Festlegung der Gefahrtragung des besitzenden Vertragsteils (in possession). So z. B. in New York, South Dakota, Wisconsin usw (S. *Amercan Law of Property,* § 11, 30, S. 95). *Belgien:* Art. 1138 CC; *Dekkers II,* Nr. 177; *De Page II,* Nr. 851; *Waelbroeck,* Nr. 41. *Bolivien:* Código Civil (1830), Art. 1004. *Costa Rica:* Código Civil (1887), Art. 699, 1047. *Eng-*

in den Ländern, in denen der Kaufvertrag eine translative Wirkung hat[19]. Als Rechtfertigungsgrund dieses Prinzips erwähnt man entweder den naturrechtlichen Grundsatz „res perit domino“[20] oder den Gedanken, daß

---

land: Bei *beweglichen* Sachen (goods = Waren): The sale of Goods Act (1893), sect. 20; *Anson-Guest,* S. 451; *Benjamin-Fennimore-James,* Chapt. VII, S. 386; *James,* Chapt. 8, x, c, ii, b, S. 291. *Bei Grundstücken:* Mit dem Kaufabschluß wird der Käufer nach dem Recht der Billigkeit Eigentümer und als solcher trägt er die Gefahr vor der „Conveyance“: *Cheshire,* S. 628 f.; *Curti I,* S. 151. *Frankreich:* Art. 1138 CC; *Capitant,* Nr. 134; *Carbonnier,* Nr. 165, B; *Colin-Capitant-Julliot de la Morandière II,* Nr. 876; *Marty-Raynaud,* Nr. 289; *Planiol-Ripert-Boulanger III,* Nr. 1434; *Planiol-Ripert-Esmein VI,* Nr. 414; *Waelbroeck,* Nr. 41. Dieser Satz gilt sowohl für bewegliche Sachen als auch für Grundstücke. *Italien:* Art. 1465 It. CC; *D'Amelio-Finzi,* Art. 1465, 2 a; *Barassi III,* Nr. 329; *Barbero,* Nr. 734; *Messineo,* XV, 12; *Messineo III,* § 113, 10, B, a; *Rubino,* Nr. 150, a; *Trabucchi,* Nr. 290, S. 664; *Waelbroeck,* Nr. 46; mit der Eigentumsverschaffung geht die Gefahr auf den Käufer auch in dem Falle über, wo der Kaufvertrag obligatorischen Charakter trägt *(Rubino,* Nr. 151, S. 457, s. aber unter § 8, Anm. 70). Dasselbe gilt auch bei *Grundstücken (D'Amelio-Finzi,* Art. 1465, 2 a; *Messineo XV,* 12; *Messineo III,* § 113, 10, B, a; *Trabucchi,* Nr. 290, S. 664). *Mexico:* Código Civil (1928/1952), Art. 2014, 2017 V, 2248, 2249. *Montenegro:* Art. 229 (s. auch unten § 2, V, 5). *Nicaragua:* Código Civil (1929), Art. 2530. *Peru:* Código Civil (1936/1949), Art. 1383, Arg. 1385, 1180. *Philippinen:* Civil Code (1949), Art. 1504; *M. Gamboa,* An Introduction to Philippine law (1956). *Portugal:* Código Civil (1867), Art. 717, 1550. Auch das *preußische Recht* vertrat nach Meinung einiger Schriftsteller (z. B. *Dernburg-Raape,* § 174, I, S. 30; *Endemann,* § 159 a, 3, Anm. 20. *Contra Boettge,* S. 43/44 im Anschluß an das *preuß. Obertribunal,* Entscheid. 2-5-1871 in Gruchots Beitr. 23, S. 917 und *RG 7,* S. 242) dieses Prinzip (ALR, I, 11, § 95), weil das Eigentum durch die Übergabe auf den Käufer überging. *Sowjetrußland:* Art. 186; *Sowjetisches Zivilrecht II-Schkundin I,* § 3, 4. Vgl. auch *Rabel II,* § 113, 1 b; *Schlegelberger,* D. § 13, 1 a; *Tsirindanis,* § 37, I, 3. Dieses Prinzip gilt hinsichtlich des Gefahrüberganges bei Grundstücken: *Deutschland,* § 446, II, BGB; *Griechenland,* Art. 522, II, Gr. BGB.

[19] *Amerika:* Uniform Sales Act (1906), Sect. 19 Rule 1. *Belgien:* Art. 1138 CC; *De Page IV,* Nr. 17. *England:* Sale of Goods Act, Sect. 18, Rule 1; *James,* Chapt. 8, x, ii, a, S. 291; *Schlegelberger,* A, § 1, I, 3; *Schnitzer II,* VI, 3 a, S. 644; *Wolff-Raiser,* § 66, Anm. 1. Bei Grundstücken wird der Käufer mit dem Kaufvertrag Eigentümer nur nach dem Billigkeitsrecht. Nach common law braucht er „Conveyance“. *Frankreich:* Art. 1138; *Heinsheimer-Erich-Kaden I,* Art. 1138, I, Art. 1583; *Larenz II,* § 35, II, c, S. 16; *Schlegelberger,* A, § 1, I, 2; *Schlegelberger-Predari I,* Bd. II (1929), Einigung 8; *Schnitzer II,* VI, 3 a, S. 643; *Siber,* § 50, II, 5, Anm. 9; *Wolff-Raiser,* § 66, Anm. 1; *Marty-Raynaud,* Nr. 289; *Planiol-Ripert-Boulanger III,* Nr. 1387; *II,* Nr. 2439; *Ligeropoulo II,* S. 109; *derselbe III,* S. 96, Anm. 3. *Italien:* Art. 1376; *D'Amelio-Finzi,* Art. 1470, 5; *Messineo III,* § 136, 5 und 5 bis; *Rubino,* Nr. 151, anders aber, wenn der Kaufvertrag einen bloß obligatorischen Charakter trägt; *Trabucchi,* Nr. 290. *Sowjetrußland:* Art. 66 hinsichtlich Speziessachen: *Gsovski I,* S. 456; *Sowjetisches Zivilrecht-Schkundin, I,* § 3, 1. S. auch *Eisser,* § 3, I, 1.

[20] S. oben das „periculum rei“ § 1, II; *Benjamin-Finnemore-James,* Chapt. VII,

der Verkäufer mit der Eigentumsverschaffung hauptsächlich erfüllt habe[21] und das Verhältnis des Käufers dem Verkäufer gegenüber sich von einem Verwahrungsvertrag wesentlich nicht unterscheide[22]. Andere zweifeln seinen heutigen Wert an und berufen sich zur Rechtfertigung auf geschichtliche Erwägungen[23]. Wieder andere suchen seine Rechtfertigung im Fehlen des funktionellen Synallagmas[24]; sie nehmen nur ein genetisches Synallagma an. Zur Kritik dieses Prinzips s. unten § 2, V, 3.

IV. Traditionsprinzip

Traditionsprinzip nennt man das Prinzip, nach dem die Gegenleistungsgefahr (über den Umfang dieser Gefahr näheres unten § 3, I, 2; II, 2) durch die Übergabe der Kaufsache, unabhängig von der Eigentumsverschaffung, auf den Käufer übergeht. Dieses Prinzip, das nach der herrschenden Meinung[25] altdeutschrechtlicher Herkunft ist, hat sich in vielen

---

S. 386: „old civil law maxim"; *Ligeropoulo I*, S. 623; *derselbe III*, S. 96, welcher sich m. R. gegen dieses Prinzip wendet; *Rubino*, Nr. 150,a und Nr. 151, S. 456; *Schlegelberger*, D. § 11; *Williston 2*, § 301: „Universal application". Über seine geschichtliche Begründung bei den Naturrechtlern s. *Capitant*, Nr. 135; *Planiol-Ripert-Boulanger II, Nr. 509.*

[21] *Code Civil Annoté III*, Art. 1138, Nr. 60; *Colin-Capitant Julliot de la Morandière II*, Nr. 878; *Josserand II*, Nr. 371; *Marty-Raynaud*, Nr. 289, S. 258. *Contra Capitant*, Nr. 133; *De Page II*, Nr. 853; *Rubino*, Nr. 150, a, S. 452. Vgl. *Mazeaud II*, Nr. 1118.

[22] *Mazeaud II*, Nr. 1118; vgl. *Code Civil Annoté III*, Nr. 1138, Nr. 60; *Planiol-Ripert-Esmein VI*, Nr. 414; die letzten wollen den Käufer durch Art. 1302 geschützt.

[23] *Dekkers II*, Nr. 177; *De Page II*, Nr. 852, der hier eine verbesserte Annahme des „Vertragsprinzips" des römischen Rechts sieht.

[24] *Barassi III*, Nr. 329; *Messineo*, XV, 12.

[25] Das deutsche Recht verband mit der „Gewere" den Gefahrübergang: Mot. II, S. 206; *Beitzke*, S. 281; *BGB-RGRK-Kuhn*, § 446, Anm. 10; *Crome*, § 213, Anm. 5, S. 415; *Dernburg-Raape*, § 174, I; *Endemann*, § 159 a, 3, Anm. 20; *Enneccerus-Lehmann*, § 103, I; *Otto von Gierke*, § 192, IV, 1; *Heck*, § 83, 4; *Klang-Bettelheim*, §§ 1048, 1049, I; *Künzli*, S. 6; *Mitteis-Lieberich*, 50, V, 1; *Oser-Schönenberger*, Art. 185, 2; *Palleske*, S. 29; *Stern*, S. 58; *Stobbe, Handbuch des Deutschen Privatrechts*, Bd. III (1878), § 184, 5. *Contra Rabel II*, § 111, 3 a, S. 301 und 3 b, der sagt: „was das ‚Übergabeprinzip' angeht, so war es nicht einfach deutsches Recht, dem ja zu Verallgemeinerungen keine Zeit blieb, sondern mehr naturrechtliche Spekulation (einer gewissen Spielart), die im Anschluß an die Kanonisten — weil angeblich billig — dem Grundsatz der Gerechtigkeit auch beim Kauf zum Durchbruch verhalf." Nach *Reineke*, S. 37/38, „trug aber immer nur der Eigentümer die Gefahr".

Eine Ausnahme galt beim Versendungskauf — die Gefahr ging mit der Absendung auf den Käufer über (so: *Crome*, § 213, Anm. 5, S. 415; *Dernburg-Raape*, § 174, I; *Endemann*, § 159 a, 3, Anm. 20; Stobbe aaO.) — und beim Liegenschaftskauf — die Gefahr ging mit der Auflassung auf den Käufer über

Staaten durchgesetzt[26]. Als Begründung dafür wird angeführt, daß die Übergabe die Sache in die Einwirkungs- und Überwachungssphäre des Käufers bringt[27] und daß der Verkäufer mit der Übergabe der Sache seine Hauptpflicht, die für den Verkehr einen ganz besonderen Wert darstellt, erfüllt hat[28]. Dieser Lehre ist eine andere verwandt[29]. Danach ist der Gefahrübergang von sekundärer Bedeutung: „denn die Fälle, in denen diese Frage in Betracht kommt, wo also gerade in diesem kurzen Zeitraum die Sache untergeht, sind verhältnismäßig selten[30]"; am wichtigsten

(so: *Crome,* § 213, Anm. 5, S. 415; *Otto von Gierke,* § 192, IV, 1; *Künzli,* S. 6; *Mitteis-Lieberich,* 50, V, 1; *Stobbe,* aaO.: „mit der Besitzübertragung resp. der Auflassung").

[26] *Ägypten:* Civil Code (1948), Art. 437, 438. *Argentinien:* Código Civil (1869), Art. 577, 1416. *Brasilien:* Código Civil (1916/1942), Art. 1127. *China:* Min fa (BGB) (Deutsche Übersetzung von K. Bünger 1934); es gilt jetzt nur in *Formosa (Enneccerus-Nipperdey I,* § 29, II, 9, Anm. 13), Art. 373, 761. *Deutschland:* BGB, § 446; über den Streit des Sinnes des § 446 s. unten § 3. *Griechenland:* Gr. BGB (Deutsche Übersetzung von D. Gogos 1951), Art. 522; Balis, § 82, 3; *Gasis,* Art. 522, 5; *Zepos II,* § 3, IV, 1; *derselbe,* Transfert du risque et de la propriété dans la vente de chose de genre, Révue Hellénique de Droit International (1955), S. 42. *Skandinavisches Kaufrecht,* § 17, obwohl mit der Übergabe der Eigentumsübergang in der Regel zusammenfällt. S. *Almén I,* § 17, S. 198. S. auch *Eisser,* § 3, I, 2; *Rabel II,* § 113, 1, c; *Schlegelberger,* D, § 13, 1, a; *Schnitzer II,* VI, 3 a, S. 644. Ebenso *Entw.* von 1913 für *Ungarn,* § 1117, I; Entw. von 1928, § 1356, I. Eine Abart des „Traditionsprinzips" findet man im *österreichischen* ABGB. § 1048: „Ist eine Zeit bedungen, zu welcher die Übergabe geschehen soll, und wird in der Zwischenzeit entweder die vertauschte bestimmte Sache *durch Verbot außer Verkehr gesetzt,* aber zufälliger Weise *ganz,* oder doch *über die Hälfte am Werte* zugrunde gerichtet, *so ist der Tausch für nicht geschlossen* anzusehen." § 1049, Satz 1 bestimmt: „Andere in dieser Zwischenzeit durch Zufall erfolgte Verschlimmerungen der Sachen und Lasten gehen auf die Rechnung des Besitzers." § 1051 sagt: „Ist keine Zeit zur Übergabe der bestimmten Sache bedungen, und fällt keinem Teile ein Versehen zur Last, so sind obige Vorschriften gegen Gefahr und Nutzungen (§§ 1048 bis 1051) *auf den Zeitpunkt der Übergabe selbst* anzuwenden; insofern die Parteien nicht etwas anderes festgesetzt haben" *(Klang-Bettelheim,* § 1051, I und §§ 1048, 1049, I—III; *K. Wolff,* S. 168).

[27] *Boettge,* S. 41; *Enneccerus-Lehmann,* § 103, I in fine; *Heck,* § 3, 4; *Klasen,* S. 14; *Künzli,* S. 11; *Leonhard II,* § 9, S. 20; *Molitor II,* § 3, IV, 2; *Planck-Knoke,* § 446, 2, b, a; *Staudinger-Ostler,* § 446, 3; *Wirtz,* S. 14; *Wismeyer,* S. 43; *OGH,* 1, 154; *Gasis,* Art. 522, 5; *Ligeropoulo I,* S. 622; *Ligeropoulo III,* S. 96. Vgl. auch *Soergel-Ballerstedt,* § 446, 2. Die Fragwürdigkeit der Überwachungsmöglichkeit vertrat *Martinius, S. 62.*

[28] *Enneccerus-Lehmann,* § 103, in fine. Vgl. *Dernburg-Raape,* § 174, III, Anm. *9; Klasen, 13/14.*

[29] Hauptsächlich *Leonhard II,* § 8, S. 16. Ebenfalls *Wirtz,* S. 14; *Zepos II,* § 3, IV, 1, S. 74.

[30] *Leonhard II,* § 8, S. 16, auch die weiteren Zitate sind aus *Leonhard* aaO.

ist der „wirtschaftliche Übergang“ der Sache, nach dem die Sache in den wirtschaftlichen Bereich des Käufers eintritt („wann nämlich die Nutzungen und Lasten dem Käufer zufallen“). Der Gefahrübergang erscheint also als ein Ausfluß des wirtschaftlichen Übergangs auf den Käufer, der sich mit der gewöhnlichen Übergabe der Sache vollzieht. Die bekannte Formel „nam et commudum ejus esse debet, cujus periculum est[31]“, muß jetzt so lauten: „nam et periculum ejus esse debet, cujus commodum est“.

V. Kritik der Gefahrtragungsprinzipien

1. Das synallagmatische Prinzip entspricht, wie wir gesehen haben, der Natur des Kaufes als eines gegenseitigen Vertrages[32], des wichtigsten der Synallagmata. Es ist zunächst zu fragen, ob seine absolute Anwendung beim Kauf berechtigt erscheint oder nicht[33]. Zum besseren Verständnis des Problems muß man das synallagmatische Prinzip dem „Traditions- und Eigentumsprinzip“ gegenüberstellen, weil die letzten Prinzipien eine Abweichung von diesem darstellen. Sie sondern nämlich aus den zwei Hauptverpflichtungen des Verkäufers (Eigentums- und Übergabepflicht) die eine ab und lassen mit deren Erfüllung die Gegenleistungsgefahr auf den Käufer übergehen. Zur Beurteilung dieser Auswahl muß die Interessenlage sowohl bei „Übergabe“ wie auch bei bloßer „Eigentumsverschaffung“ berücksichtigt werden. Eine Unterscheidung zwischen beweglichen Sachen und Grundstücken erscheint demzufolge unentbehrlich.

a) Bewegliche Sachen

Die „Übergabe“ stellt einen zentralen Punkt der Verpflichtungen des Verkäufers dar[34]. Durch die auf Grund des Kaufes vorgenommene Über-

---

[31] *I*, 3, 23, 3 a.

[32] Für dieses Prinzip s. *Krahmer*, S. 126; vgl. *Endemann*, § 159, a, 3, Anm. 20 in fine. Scharfe Kritik der Gefahrverteilung bei den gegenseitigen Verträgen findet man bei *Lange*, *Vom alten zum neuen Schuldrecht* (1934), S. 28: „Starr ist die Gefahr der Gegenleistung geregelt. Klar berechenbare Sätze sind *auf Entweder-Oder, auf Alles oder Nichts* gestellt, bürden die Gefahr dem Gläubiger oder dem Schuldner auf.“

[33] Diese Betrachtungen werden der Klarheit halber in Zusammenhang mit den einschlägigen Vorschriften des deutschen BGB behandelt. Eine Rechtsvergleichung wird nur, soweit sie die Frage fördert, vorgenommen.

[34] Dies gilt nicht nur in den Rechtsordnungen, die auf dem „Traditionsprinzip“ beruhen, sondern auch in den übrigen. S. z. B. *Deutschland:* § 433, I. *England:* Sale of Goods Act, sect. 27. *Frankreich:* Art. 1582, I Fr. CC. *Griechenland: Art.* 513 Gr. BGB. *Italien:* Art. 1476, 1 ItCC. *Österreich:* § 1053, 1, ABGB. *Schweiz:* Art. 183, I, OR. Für das *römische Recht* s. *Dernburg-Biermann II*, § 99; *Windscheid-Kipp*, § 389, 1. Zur Bedeutung der „Übergabe“ s. auch *Capitant*, Nr. 133, Anm. 1: „Dans la conception de notre *Droit moderne*, son obligation *principale* consiste *à remettre la chose entre les mains de l'acheteur*“; *De Page II*, Nr. 853;

gabe gelangt die Sache in die Einwirkungssphäre des Käufers. Daraus ergeben sich zwei wichtige Folgen: einerseits die Überwachungsmöglichkeit des Käufers[35], andererseits seine Nutzungsmöglichkeit[36]. Sie bilden die Grundlage des „Traditionsprinzips", das auch neuere Kodifikationen[37] angenommen haben und das besser den Verkehrsinteressen entspricht. Darüber hinaus rechtfertigt die Wichtigkeit des Besitzes bei beweglichen Sachen nach § 1006 die Eigentumsvermutung; der durch Übergabe" verschaffte Besitz ist Voraussetzung gutgläubigen Erwerbs (s. §§ 932 ff.); der besitzende Käufer kann nicht nur dem Verkäufer gegenüber gemäß § 986, I, 1 sein Besitzrecht geltend machen, sondern auch Dritten gegenüber (§ 986, II). Dies bedeutet, daß der Verkäufer durch die Übergabe einer beweglichen Sache in der Regel nicht nur die Überwachungs- und Nutzungsmöglichkeit verloren hat, sondern auch die rechtliche Herrschaft über die Sache, soweit seine Verfügung über das Eigentumsrecht gemäß § 986, II einredebehaftet ist und ihn also u. U., d. h. wenn er einem zweiten Käufer die Sache verkauft, zur Rückgabe eines empfangenen Kaufpreises bzw. zum Schadenersatz verpflichtet. Die Fragwürdigkeit der bloßen Eigentumsverschaffung zeigt sich am deutlichsten bei der Diskussion des Gefahrüberganges beim Eigentumserwerb durch Einigung und Abtretung des Herausgabeanspruchs (s. unten § 7, VI, 1 b).

---

vgl. auch *Mazeaud II,* Nr. 1118. S. auch die Rechtfertigungsgründe des „Traditionsprinzips" oben § 2, IV.

[35] Zur „Überwachungsmöglichkeit" des Käufers als Rechtfertigung des „Traditionsprinzips" s. oben § 2, IV, Anm. 27. Eine scharfe Kritik an dieser Begründung hat insbesondere hinsichtlich der Grundstücke *Martinius,* S. 61 ff. geübt: S. 62: „Keinesfalls zieht schon die obligatorische Pflicht zur Überwachung einer fremden Sache die Haft für den Zufall ohne weiteres (ohne besonderes Garantieversprechen) nach sich. *Die bloße Möglichkeit der Überwachung sollte es noch viel weniger tun.*" S. 61: „. . ., so wird man nicht fehlgreifen, wenn man sagt, *das Gesetz versichere gewissermaßen* vom Zeitpunkt der Übergabe an *den Eigentümer (Verkäufer)* beim Nichtberechtigten (Käufer) *in Höhe des Kaufgeldes*" usw. Die Interessenlage beim Kaufvertrage ist nicht wie bei den anderen Verträgen, die sich nicht auf den Erwerb des Obligationsgegenstandes richten. Der besitzende Käufer (freilich noch nicht Eigentümer) fühlt sich in Ansehung der Kaufsache nicht so fremd wie z. B. der Verwahrer. Er rechnet mit einem Eigentumserwerb, der für die Gefahrenverteilung nicht ohne irgendeine Bedeutung sein kann (so m. R. *Boettge,* S. 59; vgl. auch *Leonhard II,* § 12, S. 25).

[36] S. oben § 2, IV über den „wirtschaftlichen Übergang".

[37] Z. B. *Ägypten,* Civil Code (1948), Art. 437, 438; *Griechenland,* Gr. BGB (1946), Art. 522; *Projet d'une Loi Uniforme sur la Vente internationale des Objets Mobiliers Corporels,* la Haye (1956), Art. 109, I (s. *Waelbroeck,* Nr. 200). (S. auch oben § 2, IV, Anm. 26). Für das „Traditionsprinzip" treten auch ein: *Ligeropoulo I,* S. 623; *Ligeropoulo III,* S. 96; *Rabel II,* § 111, 4, S. 303; *derselbe, Der Entwurf eines einheitlichen Kaufgesetzes,* in Zeitschrift für Ausländisches und Internationales Privatrecht. Bd. 9 (1935), S. 358. *Waelbroeck,* Nr. 199, S. 175.

Aus diesen Überlegungen ergibt sich, daß das „Traditionsprinzip" in bezug auf bewegliche Sachen mehr der Billigkeit entspricht, weil der Verkäufer durch die „Übergabe" die Kontrolle über die Sache nicht nur hinsichtlich ihrer physischen Existenz, sondern auch in Ansehung ihres rechtlichen Umtauschwertes verloren hat.

b) Grundstücke

Die Interessenlage bei Grundstücken ist anders. Hier spielt die Eigentumsverschaffung eine viel größere Rolle, weil § 986, II nicht gilt; der Käufer (Eigentümer) kann also die Übergabe der Kaufsache von jedermann verlangen. Die besitzrechtliche Lage hat auf die Wirksamkeit der Verfügungen keinen Einfluß[38]; der Käufer kann sein Besitzrecht nur dem Verkäufer gegenüber gemäß § 986, I, 1 geltend machen. Die Überwachungs- und Nutzungsmöglichkeit des nur besitzenden Käufers ist zeitlich begrenzt, d. h. bis zur Rückgabe der Kaufsache an einen dritten Eigentümer. Diese Überlegungen dürfen aber nicht zu der Annahme verleiten, daß der Verkäufer bezüglich der Gefahrtragung gegenüber dem Käufer-Eigentümer befreit werden muß. Trotz der Wichtigkeit des Eigentumserwerbs bei Grundstücken hat der Käufer (sei er nun Eigentümer oder nicht) ein Interesse an einer nach dem Vertrag sofort vorzunehmenden Sachübergabe. Er will die Sache nicht erst mit Hilfe eines Prozesses, der vielleicht längere Zeit dauert, erlangen. Er kauft nicht nur in der Absicht, Eigentümer zu werden, sondern auch um in den physischen Genuß der Sache zu kommen. Darum hat auch § 433, I die Übergabepflicht des Verkäufers gleicherweise für bewegliche und unbewegliche Sachen als eine der Eigentumsverschaffungspflicht gleichwertige Verpflichtung ausdrücklich hervorgehoben.

Die Tatsache also, daß bei Grundstücken weder die „Übergabe" allein noch die Eigentumsverschaffung *wirtschaftlich* die nach dem Vertragsinhalt entsprechende vollständige Befriedigung der Käuferinteressen darstellen und bei ihrem Fehlen ein wichtiges Defizit des Komplexes der Verkäuferverpflichtungen begründen, führt zu dem Ergebnis, daß das „synallagmatische Prinzip" hier am besten der Interessenlage entspricht[39]. Es ist daher

---

[38] S. z. B. *Baur*, § 19, A, I, 1; *Westermann*, § 8, 3, b, S. 57; *Wolff-Raiser*, § 38.

[39] Vgl. *Zepos II*, § 3, IV, 2 α. Ausschließlich für das Eigentumsprinzip tritt *Martinius*, S. 61 ff. ein. S. auch *Prot*, S. 1722, die einen solchen *Antrag* abgelehnt haben; dieser Antrag beruhte auf einem Vorschlag von *Laband* (gutachtl. Äuß. 2, S. 230/231). Für das „Traditionsprinzip": *Ligeropoulo I*, S. 624; *Ligeropoulo III*, S. 96, Anm. 2; *Zepos II*, § 3, IV, 2a, Anm. 3. Die Berechtigung der im § 446, II geschehenen Abweichung vom „Traditionsprinzip" des § 446, I, 1 erklären einige Schriftsteller, die damit für die Stellungnahme des BGB eintreten, aus der Tatsache, daß die Verschaffung des Eigentums bei Grundstücken eine ganz besondere Rolle spielt. S. z. B. *Staudinger-Ostler*, § 446, 17 im Anschluß an

nicht zu begrüßen, daß das BGB im § 446, II (s. unten § 3, II, 1) das „synallagmatische Prinzip“, an dessen Bedeutung für das Schuldrecht nicht zu zweifeln ist, beim Grundstückskauf — dem wichtigsten der gegenseitigen Verträge — nicht nur zugunsten des „Traditionsprinzips“, sondern auch zugunsten des „Eigentumsprinzips“ modifiziert hat. Diese Regelung, die einen doppelten Dispens von den Verkäuferpflichten mit sich bringt, steht augenscheinlich zu dem Grundgedanken des Synallagmas (do ut des) in krassem Widerspruch[40].

2. Die Annahme des „Vertragsprinzips“ führt zu dem unerfreulichen Ergebnis, daß der Käufer den Kaufpreis zahlen muß, obwohl er weder Besitz noch Eigentum erworben hat. Dies aber widerspricht dem Austauschgedanken des Kaufvertrages; darum ist dieses Prinzip dem heutigen Rechts- und Verkehrsbewußtsein fremd geblieben[41].

---

die *Mot. II*, S. 323: „Mit der einen Ansicht die Tradition und nur die Tradition für maßgebend zu erklären, wäre ungerechtfertigt, weil es der Natur der Sache und dem Wesen des Kaufes als eines Veräußerungsvertrages widerstrebt, dem Käufer, nachdem er Eigentümer der Sache geworden und die voll rechtliche Herrschaft über sie erlangt hat, gleichwohl noch vom Tragen der Gefahr zu befreien. Dies würde regelmäßig sogar zu einem Widerspruch mit dem Parteiwilligen führen; ...“ *Dernburg-Raape*, § 174, III, Anm. 9, erklären die Abweichung aus der Tatsache, daß die Immobilien „bei weitem widerstandsfähiger als Mobilien sind“. *Enneccerus-Lehmann*, § 103, I in fine und *Gasis*, Art. 522, 6 rechtfertigen diese Lösung damit, daß der Käufer (Eigentümer) rechtlich die Möglichkeit erhält, sich den Besitz zu verschaffen. *Leonhard II*, § 10, S. 21 sieht in der Auflassung und Eintragung die Verwirklichung des „wirtschaftlichen Überganges“. *Contra Heck*, § 83, 6 b.

[40] *Zepos II*, § 3, IV, 2 α.

[41] *Otto von Gierke*, § 192, IV, 1; *Leonhard*, § 7, S. 15; *Ligeropoulo I*, S. 622; *Ligeropoulo III*, S. 96; *Triandaphyllopoulos II*, S. 34; vgl. *Arangio-Ruiz*, S. 342; *Sohm-Mitteis-Wenger*, § 71, I, 3, S. 427; *Tsirindanis*, § 37, I, 1; vgl. auch *Soergel-Ballerstedt*, § 446, 2. Gegen das „Vertragsprinzip“ hinsichtlich des *schweizerischen* OR s. *Guhl*, § 41, III, b, S. 275; *Künzli*, S. 9; vgl. auch *Egli*, S. 61; *Waelbroeck*, Nr. 52, insbesondere hinsichtlich des niederländischen Rechts. S. auch *Mot. II*, S. 206: *„Es widerspricht in der Tat der Natur der vertragsmäßigen Verbindlichkeiten, daß ungeachtet des Wegfalles der Einen die Andere ohne Gegenleistung fortbestehen soll.“* Zu dem „Vertragsprinzip“ führt die von *Krückmann*, S. 56 ff. in bezug auf Speziessachen entwickelte Theorie. Nach seiner Meinung muß diejenige Person die Gefahr tragen, in deren Interesse die Übergabe aufgeschoben wird; S. 58: „Praktisch stimmt dieses Ergebnis mit § 446 im wesentlichen überein. Wir hätten ebensogut den vermeintlichen römischen Satz im BGB haben können, da unter 100 Fällen die Übergabe 99 Male im Interesse des Käufers hinausgeschoben wird. Durch § 446 ist an dem Zustand des Gemeinen Rechts nichts Erhebliches geändert worden.“ Sein Kriterium, „in wessen Interesse die Übergabe aufgeschoben ist“, erscheint als zu unbestimmt und kann nicht zu eindeutigen Lösungen führen (so m. R. *Ligeropoulo I*, S. 623; *Ligeropoulo III*, S. 97).

§ 3

DER SINN DES § 446

§ 446 hat den Zeitpunkt des Gefahrüberganges bei beweglichen und unbeweglichen Sachen nicht einheitlich geregelt. Er hat verschiedene Prinzipien entwickelt. Dies führt, soweit Abweichungen zutage treten, zu einer getrennten Behandlung der Frage.

I. Bewegliche Sachen

§ 446, I, 1 bestimmt: „Mit der Übergabe der verkauften Sache geht die Gefahr des zufälligen Unterganges und einer zufälligen Verschlechterung auf den Käufer über[1]". Damit ist nicht nur der Zeitpunkt, sondern auch der Umfang des Gefahrüberganges bestimmt.

1. *Zeitpunkt des Gefahrüberganges.* Als maßgeblichen Zeitpunkt des Gefahrüberganges nennt § 446, I, 1 den Zeitpunkt der „Übergabe". Er tritt damit für das „Traditionsprinzip" ein[2]. Dies bedeutet, daß § 446, I, 1

---

[1] *Entw. I,* § 463, I, 1: „Der Verkäufer trägt die Gefahr des zufälligen Unterganges und der zufälligen Verschlechterung sowie die Lasten der verkauften Sache bis zur Übergabe der letzteren an den Käufer." *Entw. II,* § 387 wie § 446, I, BGB.

[2] Über das „Traditionsprinzip" s. oben § 2, IV. *Mot. II,* S. 206: „Der Standpunkt des Entw. ist derjenige *des älteren deutschen Rechtes.*" Daß die *Mot. II* das „Traditionsprinzip" wollten, ergibt sich auch aus der Tatsache, daß sie das *österreichische* Recht, das (s. oben § 2, IV, Anm. 24) hauptsächlich für das „Traditionsprinzip" eintritt, dem Altdeutschen gleichstellen. *Mot. II,* S. 206: „Dagegen stimmen mit dem alten deutschrechtlichen Prinzip überein das ALR I, 11, §§ 95, 100 (98.102—104), § 5, §§ 364—368, *sowie das öst. GB* (§§ 1064, 1048—1051, 1447)." In diesem Sinne verstehen auch die *Protokolle* das deutschrechtliche Prinzip, und zwar im Verhältnis zum preußischen Recht (*Prot.* S. 1724/25): „Zweifelhafter sei dagegen die Frage, ob man den Gefahrübergang nicht mit dem Antrage 2 ausschließlich an die Eintragung knüpfen soll. Dies würde der Konsequenz des deutschrechtlichen Prinzipes entsprechen, wenn man davon auszugehen hätte, *daß bei beweglichen Sachen die Übergabe den Gefahrübergang nur um deswillen bewirke, weil mit ihr zugleich das Eigentum auf den Käufer übertragen werde. Diese Annahme treffe jedoch,* wie auch das Reichsgericht (Entsch. Bd. 7, S. 242) im Anschluß an die Motivierung von Suarez für das preuß. Recht anerkannt habe, *nicht zu.* Ausschlaggebend müsse der Gesichtspunkt sein, daß es unbillig gegen den Verkäufer sein würde, diesen auch dann noch die Gefahr tragen zu lassen, wenn er — infolge

eine Abweichung vom § 323, I darstellt[3], weil nach diesem letzten § (synallagmatisches Prinzip) der Verkäufer bis zur vollständigen Erfüllung — § 433: Eigentumsverschaffung und Übergabe — die Gegenleistungsgefahr trägt[4]. Unter diesem Gesichtspunkt sind die Meinungen unhaltbar, nach denen zur Verwirklichung des Gefahrüberganges eine eigentumsverschaffende Übergabe (d. h. vollständige Erfüllung der Verkäuferpflichten) erforderlich ist[5], und auch andere[6], die den Gefahrüber-

---

der Übergabe — nicht mehr in der Lage sei, für die Sicherheit der Sache Sorge zu tragen."

[3] *Adenauer*, S. 46; *Baur*, § 21, II, 1; *BGB-RGRK-Kuhn*, § 446, Anm. 1; *Blomeyer*, § 26, III, 1 a; *Beitzke*, S. 281; *Boettge*, S. 38; *Cosack-Mitteis*, § 183, 2; *Dernburg-Raape*, § 174, II; *Endemann*, § 159, a, 4; *Enneccerus-Lehmann*, § 103, II; *Erman-Groepper*, Vorb. zu §§ 323—327, 7 a; *Esser*, § 103, 1; *Fischer-Henle-Titze-David*, § 446, 3; *Herrmann*, S. 36; *Kipp zu Windscheid*, § 390, 1; *Klasen*, S. 13;*Kluckhohn*, S. 140 ff.; *Künzli*, S. 10; *Larenz II*, § 38, II; *Leonhard II*, § 8, S. 16; *Martinius*, S. 53; *Molitor II*, § 3, IV, 2; *Oertmann*, § 446, 1; *Palandt-Gramm*, § 446, 2; *Palleske*, S. 52; *Planck-Knoke*, § 446, 2 a, γ und § 446, 2, b, α; *Rabel II*, § 111, II, 1; *Schubert*, § 15, 1; *Schwenn*, S. 139; *Soergel-Ballerstedt*, § 446, 1; *Staudinger-Ostler*, § 446, 4; *Stern*, S. 74; *Vollmer*, S. 70; *Wetzmüller*, S. 11; *Wirtz*, S. 14; *Wismeyer*, S. 51; *Würdinger*, Vorbem. vor § 373, Anm. 78; *RG*, 85, 322; *RG*, 106, 6; *Ligeropoulo II*, S. 109; vgl. *Kisch*, § 8, II, 4. *Contra: Heck*, § 83, 6 und 6 a; *Kreß I*, § 19, 1 C b, Anm. 57; vgl. *Kohler*, § 93, I; *Krahmer*, S. 125, Anm. 21; *Titze, die Unmögl.* S. 256; *Apostolidis*, Art. 522, 2, S. 120; *Gasis*, Art. 522, 5; *Zepos II*, § IV, 1, S. 70; *derselbe, Transfert du risque et de la propriété dans la vente des choses de genre*, in *Revue Hellénique de Droit International* (1955) S. 42/43.

[4] S. oben § 2, I, 1 b, α, Anm. 8.

[5] *Kreß I*, § 19, 1 C b, S. 414; *Reineke*, S. 36; vgl. *Krahmer*, S. 125, Anm. 21; *Titze*, § 41, 3, a; *derselbe, die Unmögl.* S. 256, Anm. 2: „Darum schlägt der § 446 regelmäßig auch nur insoweit durch, als der Verkäufer mit der Übergabe die ihm aus dem Kaufgeschäft erwachsenen Verpflichtungen wirklich erfüllt hat." Vgl. auch *Rubino*, Nr. 151, S. 455 im Anschluß an § 323 BGB. Diese Meinung hat teils dogmatischen, teils historischen Wert. Sie beruht wohl auf den Materialien zum BGB. Z. B. *Mot. II*, S. 322: „Wegen seiner Wichtigkeit mußte das Prinzip (vgl. §§ 568, 576, Werkverdingung) hier um so mehr ausgesprochen werden, als es *in Ansehung der Grundstücke besonderer Regelung bedarf.*" Argumentum a contrario also in Ansehung beweglicher Sachen. *Prot.* S. 1725: „Gegen den Vorschlag des Antrages 3, den § 463, Abs. 1, Satz 1, welcher lediglich eine Wiederholung der im § 368 gegebenen Vorschrift enthalte, als entbehrlich zu streichen, sprach die Erwägung, daß es wünschenswert erscheine, diese wichtige Bestimmung *in konkreter Gestaltung bei einem so praktischen Institute, wie es der Kauf sei, besonders auszusprechen.*" Auf das letzte Zitat beruft sich *Kreß I*, § 19, 1, C, b, Anm. 57. Diese Zitate aber stehen mit anderen in krassem Widerspruch. So z. B. *s. oben § 3, I, 1, Anm. 2.* Weiter *Mot. II*, S. 322/323: „Beim Verkauf beweglicher Sachen trägt der Verkäufer die Gefahr bis zur Übergabe der Sache an den Käufer, während bei dem Verkaufe eines Grundstückes (§ 781)

der Verkäufer die Gefahr bis zur Übergabe bzw. bis zur Eintragung des Käufers in das Grundbuch trägt"; ebenso *Mot. II*, S. 205/206. Der Ausdruck „Übergabe" wird einheitlich sowohl für Grundstücke als auch für bewegliche Sachen benutzt. Weiter *Mot. II*, S. 323 (bezüglich der Grundstücke): „Denn es kann der Übergang der Gefahr augenscheinlich keineswegs von der Erfüllung aller dem Verkäufer obliegenden Verpflichtungen abhängig gemacht werden." Also *a fortiori* für bewegliche Sachen (so m. R. *Palleske*, S. 53). *Prot.* S. 1723: „Es kommen ihr (d. h. der Eintragung) die nämliche Bedeutung zu, wie bei beweglichen Sachen der *Übergabe, welche — sofern nicht einer der Ausnahmefälle vorliege, in welchen ein Rechtsmangel den Eigentumserwerb hindert — die Sache in das Vermögen des Käufers bringe.*" Endlich: *Denkschrift* S. 60: „Wird umgekehrt das Grundstück bereits vor der Eintragung dem Käufer übergeben, so geht damit die Gefahr auf ihn über. *Dieser aus § 410 Abs. 1 (d. h. § 446, I, 1, BGB) sich ergebende Satz findet seine* sachliche Rechtfertigung darin, daß nunmehr dem Verkäufer die Möglichkeit einer Überwachung des Grundstücks entzogen ist." D. h. also: „Übergabe" hat in § 446, I, 1 und in § 446, II denselben Sinn. Darüber hinaus sprechen folgende Gründe für die Festlegung des „Traditionsprinzips": 1. Wenn die bloße „Übergabe" den Gefahrübergang nicht herbeiführen könnte, dann gäbe es keinen Grund, daß die *Mot. II*, S. 324 sich mit der Frage der Gefahrtragung bei aufschiebend bedingten Käufen, bei denen das Eigentum nicht sofort mit der Übergabe auf den Käufer übergeht, beschäftigten (so *Adler*, S. 399). 2. Das BGB gebraucht das Wort „Übergabe" beim Kaufvertrage im Gegensatz zur Verschaffung des Eigentums; so z. B. im § 433 und insbesondere im § 446, II. Es erscheint demnach als völlig unwahrscheinlich, daß der Ausdruck „Übergabe" in demselben § 446 zwei verschiedene Bedeutungen hat *(Heck*, § 84, 1; *Klasen*, S. 14; *Martinius*, S. 53; *Palleske*, S. 30; *Planck-Knoke*, § 446, 2 b α; *Stern*, S. 61; *Wismeyer*, S. 39). 3. Wenn der Gesetzgeber für den Eigentumsübergang eine vollständige Erfüllung (d. h. Übergabe und Eigentumsverschaffung § 433, I) verlangte, dann würde es sich nicht um einen Gefahrübergang im eigentlichen Sinne, sondern um ein bloßes „periculum rei", s. oben § 1, III, handeln (*Boettge*, S. 37/38). 4. Es würde der Billigkeit widersprechen, daß für die Gewährleistung (§ 459) des Verkäufers, insbesondere beim Kauf unter Eigentumsvorbehalt, nicht der Zeitpunkt der Sachübergabe, sondern erst der spätere Zeitpunkt der vollständigen Erfüllung maßgebend wäre (*Wismeyer*, 46 ff.). 5. Wenn die „Übergabe" für die Verwirklichung des Gefahrüberganges bei Grundstücken genügt, dann muß sie a fortiori für bewegliche Sachen genügen (*Palleske* S. 53 f.). 6. Für die Bejahung des Gefahrüberganges mit bloßer Übergabe spricht die Interessenlage (s. oben § 2, V a).

[6] *Adler*, S. 399; *Crome*, § 213, 1 a; *Kohler*, § 93, II; *Palleske*, S. 56; *Stern*, S. 66. *Kaukas*, Art. 522, § 6, Anm. 3. *Contra Beitzke*, S. 282; *Endemann*, § 159 a, 56, Anm. 47; *Rabel II*, § 113, 1 c. Gegen diese Meinung spricht einerseits die geschichtliche Grundlage des § 446, I, 1 (s. oben 3, I, 1, Anm. 2 und 3) andererseits ein Argumentum a contrario aus dem § 446 II, der die parallele Geltung des „Eigentumsprinzips" nur zugunsten der Grundstücke festlegt. Das wichtigste Argument aber folgt aus dem Vergleich der Interessenlage bei beweglichen Sachen (s. oben § 2, Va): Die Verschaffung des Eigentums ohne irgendeine besitzrechtliche Veränderung stellt ein unbedeutendes Minus im Verhältnis zur „Übergabe" dar (vgl. auch unten bei der Besprechung der Frage der „Übergabe", § 7).

gang als mit bloßer Eigentumsverschaffung erfolgt ansehen, weil sie im Eigentum im Verhältnis zur Übergabe ein „Mehr“ erblicken. Die Gefahr geht also mit der Übergabe unabhängig von irgendeiner Eigentumsverschaffung auf den Käufer über[7] (S. auch unten § 6, II über die bereits im Keime vorhandenen Fehler und über vorläufige Mängel.)

2. *Umfang des Gefahrüberganges.* Wie oben (§ 1, I, Anm. 4) erwähnt wurde, muß die Gegenleistungsgefahr durch eine nähere Angabe für den Einzelfall vom Gesetz konkretisiert werden, weil der Ausdruck „Gefahr“ allzu unbestimmt ist und nicht zu zweifelsfreien Lösungen führen kann[8].

---

[7] *Achilles-Greiff-Brüggemann,* § 446, 3; *Adenauer,* S. 13/14; *Adler,* S. 399; *Baur,* § 21, II, 1; *BGB-RGRK-Kuhn,* § 446, Anm. 9; *Boettge,* S. 37/38; *De Boor,* B. 2, Kap. 30, V. 2, S. 265; *Emmanuel,* S. 64; *Endemann,* 159 a, 5 a, 1; *Enneccerus-Lehmann,* § 103, II, 1 b; *Fischer-Henle-Titze-David,* § 446, 1; *Otto v. Gierke,* § 192, IV, 2; *Goldmann-Lilienthal,* § 131, I, Anm. 2 a. E.; *Heck,* § 84, 1; *Klasen,* S. 14; *Kluckhohn,* S. 142; *Künzli,* S. 13; *Martinius,* S. 53; *Mitteis-Lieberich,* Kap. 50, V, 3; *Palandt-Gramm,* § 446, 3; *Palleske,* S. 30; *Planck-Knoke,* § 446, 2 b, α; *Schmitz,* S. 8; *Schubert,* § 15, 1; *Soergel-Ballerstedt,* § 446, 6; *Staudinger-Ostler,* § 446, 3; *Stern,* S. 61; *Vollmer,* S. 67; *Warneyer-Bohnenberg,* § 446, I; *Wirtz,* S. 17; *Wismeyer,* S. 39 ff.; *RG,* 85, 320; 93, 330; *RG* JW 1937, 1628; *OGH,* 149, 154; *OLG* (Colmar) Bd. 8, S. 446. *Gasis,* Art. 522, 17; *Kaukas,* Art. 522, § 2, S. 93/94; *Ligeropoulo I,* S. 622; *Ligeropoulo III,* S. 96; *Papanikolau,* Art. 522, § 49, 2; *Zepos II,* § 3, IV, 1, S. 71, Anm. 3; *Arios-Pagos,* 542/1949, *Themis* ≡ A (1950), S. 26; *Ephetion Athinon* 515/1951 *Themis* ≡ B. S. 775. *Ehrenzweig,* § 364, IV, 1 (S. auch oben § 3, I, 1, Anm. 3).

[8] Ebenso z. B. *Amerika,* Un. Sales Act. 22: „Risk of loss“. *Argentinien,* Art. 1416, 578, 580: *„los peligros de la cosa“, „y la cosa se pierde“, „si la cosa se deteriora“.* *Frankreich,* Art. 1138, 1624: „La perte ou la détérioration“. *Griechenland,* Art. 522, Gr. BGB. *Italien,* Art. 146 It. CC (1865): „perdita o deterioramento“. *Österreich, § 1048: „durch Verbot außer Verkehr gesetzt, oder doch über die Hälfte am Werte zu Grunde gerichtet“;* § 1049, Satz 1: *„Andere in dieser Zwischenzeit durch Zufall erfolgte Verschlimmerungen der Sachen und Lasten.“ Projet d'une Loi Uniforme sur la Vente Internationale des Objets Mobiliers* Corporels (1956), Art. 108: *„Les risques“, „La perte ou toute modification de la valeur survenant à la chose.“* Skandinavisches Kaufgesetz, § 17: *„zerstört, verschlechtert,* oder *vermindert* wird“. *Spanien,* Art. 1182 (código Civil): *„perdiere o destruyere“.* *Sowjetrußland,* Art. 186 Sowj.BGB: „in the event of accidental *loss* of the property sold, *the risk* attaches the buyer“ (S. auch *Rabel II,* § 112, 1, Anm. 61; *Schlegelberger,* D. § 12). *Contra* die Gesetzbücher anderer Staaten, wo nur von „Gefahr“ gesprochen wird. So z. B. *Brasilien,* Art. 1127 (Br. CC.): *„os riscos“.* *China,* § 373: „Nutzungen und *Gefahr* des verkauften“. *England* (SGA), Sect. 20: *„risk“.* Niederlande, Art. 1496 (BW): *„Voor rekening“.* *Schweiz,* Art. 185 (OR): *„Gefahr der Sache“.* *Griechischer Entw.* I. Art. 204, § 1; *Entw.* II, Art. 203, § 1. S. auch *Rabel II,* § 112, 1, Anm. 62; *Schlegelberger,* D., § 12. Vgl. auch andere Gesetzbücher, die den Ausdruck „Gefahr“ vermeiden. So z. B. *Ägypten,* BGB, Art. 437: „if the thing sold perishes“, Art. 434: „if the value of the thing sold is diminished by deterioriation“. *Italien,* Art. 1465 (It. CC. 1942): „il perimento de la cosa“; vgl. aber

Daher bringt § 446, I, 1 richtig zum Ausdruck, daß mit der Übergabe der verkauften Sache *„die Gefahr des zufälligen Unterganges und einer zufälligen Verschlechterung"* auf den Käufer übergeht. Es ist klarzustellen, für welche Fälle § 446, I, 1 ein Abweichen (s. oben § 3, I, 1, Anm. 3) vom synallagmatischen Prinzip des § 323, I festgelegt hat; man muß also den Umfang des Gefahrüberganges im Verhältnis zu den anderen allgemeinen Vorschriften für gegenseitige Verträge bestimmen.

a) Gefahr des Unterganges

Mit der „Übergabe" der Kaufsache hat der Verkäufer noch nicht vollständig erfüllt; § 433, I verlangt sowohl Übergabe als auch Eigentumsverschaffung. Im Falle des Unterganges[9] der Kaufsache aber kann er kein Eigentum an dieser übertragen, weil sein Eigentumsrecht als Sachenrecht mangels Gegenstandes erloschen ist. Diese Unmöglichkeit der Eigentumsverschaffung führt, wie oben nachgewiesen wurde (§ 2, I, 1 b β), zur vollständigen Unmöglichkeit; d. h. nach § 323, I müßte der Verkäufer seinen Kaufpreisanspruch verlieren und u. U. einen bereits empfangenen Kaufpreis zurückgeben. Für diesen Fall und nur für diesen Fall legt § 446, I, 1 durch den Ausdruck „Gefahr des zufälligen Unterganges" eine Abweichung fest. *Diese Abweichung besteht darin, daß die durch den zufälligen Untergang der bereits übergebenen Kaufsache herbeigeführte Unmöglichkeit der Eigentumsverschaffung den Kaufpreisanspruch des Verkäufers nicht berührt*[10]. Der Verkäufer verlangt, obwohl er nicht vollständig erfüllt hat, den Kaufpreis, weil insofern die „Gefahr des Unetrganges" auf den Käufer mit der „Übergabe" übergegangen ist. Aus diesem Begriff des Gefahrüberganges ergibt sich weiter, daß eine Unmöglichkeit der Eigentumsverschaffung, bzw. einer Eigentumsverschaffung frei von Rechten Dritter, die nicht als *ausschließliche Ursache* den Untergang der Kaufsache hat, nicht zum Gefahrübergang führen kann[11]; besser gesagt: es besteht überhaupt keine Möglichkeit für einen Gefahrübergang, weil sein Inhalt (durch die infolge des Unterganges herbeigeführte

---

Art. 1525. *Japan*, § 534 (Jap. BGB): „... Umstands *untergegangen* oder *beschädigt* worden, so hat der Gläubiger den *Verlust oder Schaden zu tragen*".

[9] Näheres darüber, was als „Untergang" zu verstehen ist, s. unten § 6, III, 1.

[10] Vgl. *Stern*, S. 72 (vgl. weiter oben § 3, I, 1, Anm. 3 und die dort Angegebenen). S. weiter auch *Martinus*, S. 51 ff.; *Plancke-Knoke*, § 446, 2, a, α; *Schubert*, § 15, 2.

[11] *Cosack-Mitteis*, § 183, 3 b; *Endemann*, § 159, a, 4 b; *Leonhard II*, § 8, S. 19; *Planck-Knocke*, § 446, 2, a, β; *Reinecke*, S. 35, 39; *Siber*, § 50, II, 5, b, β; *Wetzmüller*, S. 56; *Wismeyer*, S. 56. Vgl. auch *Oertmann*, § 446, 1 a, α: „Die Übergabe bürdet somit dem Käufer die Gefahr noch nicht auf, so wie sie ihm das Eigentum nicht verschaffen kann." Diese letzte Meinung ist insofern richtig, als die Nichtverschaffung des Eigentums auf einer Unmöglichkeit (bzw. einem Unvermögen des Verkäufers) beruht, nicht aber, wie *Oertmann* will, auch bei Nicht-

Eigentumsverschaffungsunmöglichkeit) von vornherein bestimmt ist. Eine eingehendere Betrachtung dieser Frage in ihrem Verhältnis zur Rechtsmängelhaftung des Verkäufers ist wegen des Streites in der Literatur unumgänglich.

α) Übergang der Untergangsgefahr und Rechtsmängelhaftung des Verkäufers. § 440, I, sagt: „Erfüllt der Verkäufer die ihm nach den §§ 433 bis 437, 439 obliegenden Verpflichtungen nicht, so bestimmen sich die Rechte des Käufers nach den Vorschriften der §§ 320 bis 327" (In bezug auf den Schadensersatzanspruch des Käufers einer beweglichen Sache macht § 440, II — s. unten § 3, I, 2 a, *δδ*, 3 — Einschränkungen). Hier nimmt die herrschende Meinung[12] mit Recht an, daß durch § 446, I, 1 die aus dem § 440 entspringenden Rechte des Käufers nicht beseitigt werden können[13]. Dies aber besagt nicht, daß die Gefahr des Unterganges zwar nach § 446, I, 1 auf den Käufer übergeht, der Käufer aber seine Rechte aus § 440 behält, wie einige meinen[14]. Diese Meinung enthält ein Mißverständnis des Umfangs des Gefahrüberganges. Der Gefahrübergang (s. oben § 3, I, 2 a in fine) vollzieht sich nur in Ansehung einer Unmöglichkeit der Eigentumsverschaffung, die als ausschließliche Ursache den Untergang der Kaufsache hat, nicht aber im Falle einer schon vorhandenen Unmöglichkeit, die mit dem Sachuntergang in keinem Kausalzusammenhang steht. Diese Ansicht (Anm. 14) ist nur für den seltenen Fall richtig, wo die Unmöglichkeit der Eigentumsverschaffung nach der Übergabe —

---

verschaffung des Eigentums wegen mangelnder Geschäftsfähigkeit des Verkäufers. Diese stellt regelmäßig weder Unmöglichkeit noch Verzug des Verkäufers dar; vgl. auch *Planck-Knoke*, § 446, 2, b, *α*.

[12] *Boettge*, S. 35/36; *Cosack-Mitteis*, § 183, 3 b; *Endemann*, § 159 a, 4 b, Anm. 29; *Otto von Gierke*, § 192, IV, 2, Anm. 72; *Kipp zu Windscheid*, § 390, 7; *Kisch*, § 8, II, 2; *Kreß I*, § 19, 1, C, b, S. 414; *Loewenwarter*, § 446, S. 11; *Martinius*, S. 67; *Planck-Knoke*, § 446, 2 a, *β*; *Staudinger-Ostler*, § 446, 10; *Titze, die Unmögl.*, S. 271/272; *Wirtz*, S. 28 ff.; *Wismeyer*, S. 65. *Apostolidis*, Art. 522, 3, S. 121; *Kaukas*, Art. 522, § 7; *Papanikolau*, Art. 522, § 51, 4; *Ephetion Thrakis* 70/1948 Themis ≡, S. 486. Vgl. *Enneccerus-Lehmann*, § 103, II, 1 b, nach denen bei Nichtverschaffung des Eigentums sich „der Verkäufer bei Untergang der Sache nach Analogie des § 324, I, 2 das auf den Kaufpreis anrechnen lassen (muß), was er infolge der Befreiung von seiner durch Unmöglichkeit erloschenen Pflicht zur Eigentumsgewährung erspart, und das ist der Preis, den er dem Eigentümer für die Überlassung der Sache hätte zahlen müssen". Ihnen folgt auch *Gasis*, Art. 522, 35. *Contra Adler* S. 403 ff., insbesondere S. 410.

[13] Dies wird klarer aus dem § 440 II in fine: „oder wenn die Sache untergegangen ist". Vgl. *Kipp zu Windscheid*, § 391, 7.

[14] *Boettge*, S. 35/36 und S. 37; *Enneccerus-Lehmann*, § 103, II, 1 b; *Otto von Gierke*, § 192, IV, 2; *Palandt-Gramm*, §§ 440—441, 2 c; *Soergel-Ballerstedt*, § 446, 7; *Staudinger-Ostler*, § 440, 30; *Wirtz*, S. 28. *Apostolidis*, Art. 522, 3, S. 121; *Gasis*, Art. 522, 36; *Kaukas*, Art. 522, § 7; *Papanikolau*, Art. 522, § 51, 4; *Eph. Thr.*, 70/1946, *Them.* ≡ S. 486. Contra die oben (Anm. 11) Angegebenen.

und selbstverständlich nicht durch den Untergang der Kaufsache —, also nach dem Gefahrübergang, entstanden ist. In diesem letzten Falle geht zwar die Gefahr zunächst auf den Käufer über, sie endigt aber ex nunc (mit dem Zeitpunkt der Unmöglichkeit, die nicht den Untergang als ausschließliche Ursache hat), weil kein Platz mehr für den Gefahrübergang bleibt.

Anders verhält es sich aber bei juristisch qualitativer teilweiser Unmöglichkeit bzw. einem solchen Unvermögen (s. unter § 3 I, 2, a, *α*, *εε*); der Käufer trägt hier die Gefahr vorbehaltlich seiner Rechte (s. unter § 3 I, 2, a, *α*, *εε*); er trägt, genau genommen, die Gefahr der durch den zufälligen Untergang hervorgerufenen Unmöglichkeit der Eigentumsverschaffung abzüglich der Rechtsmängel. Versteht man den Umfang des Gefahrüberganges so (und vielleicht versteht auch diese Meinung ihn so), dann ist die Frage unproblematisch. Man muß nicht außer acht lassen, daß § 446 einen Teil einer sinnvollen Ordnung darstellt und nur innerhalb dieser Ordnung einen richtigen — auch folgerichtigen — Sinn finden kann. Gefahrübergang und Rechtsmängelhaftung als Unmöglichkeit der Eigentumsverschaffung können also nicht zeitlich zusammenfallen. Die Rechtsmängelhaftung in diesem letzten Sinne läßt für den Gefahrübergang keinen Raum, weil sie ihm seinen Boden entzieht.

Demzufolge erscheint die Rechtslage trotz der Übergabe so:

αα) Bei anfänglicher Unmöglichkeit der Eigentumsverschaffung. Soweit die Unmöglichkeit der Eigentumsverschaffung eine vollständige Unmöglichkeit (s. oben § 2, I, 1 b) darstellt, ist der Kaufvertrag gemäß § 306 nichtig[15]. Ein Problem der Gefahrtragung kann also überhaupt nicht hervortreten, weil es einen gültigen Vertrag voraussetzt (s. oben § 1, III).

ββ) Bei anfänglichem Unvermögen der Eigentumsverschaffung. Das anfängliche Unvermögen hat der Schuldner immer zu vertreten[16]. D. h. § 325 kann hier Anwendung finden (s. unten (*δδ*)): Das Unvermögen zur Eigentumsverschaffung bedeutet, wie oben (§ 2, I b) gezeigt, vollständige Unmöglichkeit.

γγ) Bei nachträglicher verschuldeter Unmöglichkeit (bzw. nachträglichem Unvermögen) der Eigentumsverschaffung. Hier findet § 323 Anwendung[17]. Die Unmöglichkeit bzw. das Unvermögen stellt auch hier eine

---

[15] *Enneccerus-Lehmann*, § 107, I; *Staudinger-Ostler*, § 440, 33.

[16] *BGB-RGRK-Kuhn*, § 440, Anm. 8; *Boettge*, S. 34/35; *Enneccerus-Lehmann*, § 107, I; *Larenz II*, § 36, II, b, 3, S. 29; *Reineke*, S. 12; *Stern*, S. 72/73; *Titze, die Unmögl.*, S. 265; *Wirtz*, S. 26; *Wismeyer*, S. 68; *RG*, 69, 356; 73, 211; *BGH*, 11, 16, 22. *Contra Adenauer*, S. 31; *Esser*, § 104, 5; *Staudinger-Ostler*, § 440, 6 (b).

[17] *Boettge*, S. 34/35, Anm. 70; *Enneccerus-Lehmann*, § 107, III, S. 430; *Larenz II*, § 36, II, b, 2; *Staudinger-Ostler*, § 440, 8 (aa); *Stern*, S. 71; *Wismeyer*, S. 65.

vollständige Unmöglichkeit (bzw. ein vollständiges Unvermögen § 2, I, 1 b) dar.

δδ) Bei nachträglicher verschuldeter Unmöglichkeit (bzw. nachträglichem v. Unvermögen) der Eigentumsverschaffung. Die Rechte des Käufers bestimmt § 325[18]. Er gewährt dem Käufer drei Möglichkeiten: 1: *Die Rechte aus § 323.* 2: *Ein Rücktrittsrecht*[19]. 3: *Schadensersatz wegen Nichterfüllung.* Der Schadensersatz steht selbstverständlich unter den Einschränkungen des § 440, II, nach dem der „Untergang" der übergebenen Sache den Schadensersatzanspruch nicht ausschließt. Der Käufer verlangt den Ersatz des Schadens, der in kausalem Zusammenhang mit der Nichtverschaffung des Eigentums steht[20]. Z. B. Verlust einer günstigeren Kaufgelegenheit; die Differenz, die er einem dritten Abkäufer gezahlt hat, weil er ihm gegenüber infolge der Nichtverschaffung des Eigentums seinen Verpflichtungen nicht nachkommen konnte usw.

---

[18] *Boettge*, S. 35; *Kisch*, § 8, II, 2, Anm. 27; *Reineke*, S. 10/11; *Siber*, § 50, II, 5, b, *β*; *Staudinger-Ostler*, § 446, 10: *Wirtz*, S. 29; *Wismeyer*, S. 66.

[19] *Siber*, § 50, II, 5 b, *β*, Anm. 11; *Soergel-Ballerstedt*, § 446, 7; *Wirtz*, S. 29. Der Untergang der Kaufsache hindert das Rücktrittsrecht des Käufers gemäß § 350 nicht (§§ 440, 325, I, 1, Arg. a fortiori aus §§ 325, I, 2, 280, II, 2). Dieselbe Wirkung nehmen m. R. einige Schriftsteller (*Enneccerus-Lehmann*, § 110, II, 1; *Esser*, § 106, 2 c; *Larenz II*, § 37 II a; *Staudinger-Ostler*, § 467, 8; dazu rechtspolitisch *Rabel, in Festschrift für Dolenc*, S. 379) ausdrücklich in Ansehung der Wandelung wegen Sachmängel an. Die Interessenlage ist hier fast gleich. *Contra Gr. BGB*, Art. 391, das den Rücktritt im Falle eines zufälligen Unterganges (betrifft er die Sache nun ganz oder nur zum großen Teil), oder einer wesentlichen Verschlechterung ausschließt. (So m. R. *Apostolidis*, Art. 522, 6; *Papanikolau*, Art. 522, § 51, 4; vgl. *Balis*, § 92, 1. *Contra Gasis*, Art. 522, 36 und Art. 391, 13.)

[20] *Contra Larenz II*, § 36, II, b, 3, S. 30, Fall 1; *Oertmann*, § 440, 2 c, *α*; *Palandt-Gramm*, §§ 440, 441, 2 c; *Staudinger-Ostler*, § 440, 30; *Stern*, S. 73; *Wismeyer*, S. 68. Diese Schriftsteller gewähren dem Käufer den obengenannten Schadensersatzanspruch aber *minus* dem *„durch den Untergang selbst entstandenen Schaden" (Staud.-Ostl.* aaO.). Diesen letzten Schaden muß der Käufer nach dieser Meinung gemäß § 446, I, 1 tragen. Danach bestimmt sich der Umfang des Schadens wie folgt: „Die Sache ist beispielsweise durch das Verschulden eines Dritten zerstört worden, gegen den der Käufer, wenn er Eigentümer geworden wäre, nun einen Schadensersatzanspruch wegen Verletzung seines Eigentums gehabt hätte. Oder der Käufer hat seinem eigenen Abkäufer, der ihm die Sache zurückgewährt hat, Schadensersatz geleistet" (*Larenz*, aaO.). Diese Meinung übersieht erstens, daß die Gefahr des Unterganges bei einer Unmöglichkeit (bzw. einem Unvermögen) der Eigentumsverschaffung von seiten des Verkäufers auf den Käufer nicht übergehen kann (s. oben § 3, I, 2 a, dies also steht zumindest in krassem Widerspruch zur Ansicht von *Oertmann, Stern* und *Wismeyer* — s. oben § 3, I, 2, Anm. 11 —, zum Gefahrübergang), zweitens, daß der Käufer den Schaden des zufälligen Unterganges nicht tragen muß, weil hier ein Fall der sog. „überholenden Kausalität" vorliegt (so m. R. *Enneccerus-Lehmann*, § 107,

εε) Bei juristisch qualitativer teilweiser Unmöglichkeit bzw. Unvermögen (s. oben § 2, I, 1 b). In diesem Falle hat der Käufer, soweit der Vertrag niemals nichtig (wie oben *αα*) sein kann, die aus § 223,3 I, 2 Halbs. (oben *γγ*) bzw. § 325, I, 3 (oben *ββ*, *δδ*) entspringenden Rechte. Er darf auch, wenn er kein Interesse an der teilweisen Erfüllung hat, eine soche Erfülung als vollständige Unmöglichkeit bzw. Unvermögen betrachten[21]; dies geschieht sowohl bei verschuldeter als auch unverschuldeter teilweiser Unmöglichkeit[22]. Für die Frage des Gefahrüberganges s. oben § 3, I, 2, a, *α*.

β) Übergang der Untergangsgefahr und Sachmängelhaftung des Verkäufers. Aus dem oben (§ 3, I, 2 a) entwickelten Begriff des Untergangsgefahrüberganges ist die Frage, ob Sachmängel diesen Gefahrübergang hindern können, leicht zu beantworten. Soweit der Gefahrübergang eine Befreiung des Verkäufers von der durch den Untergang herbeigeführten Unmöglichkeit der Eigentumsverschaffung darstellt, können die Sachmängel, die nicht die rechtliche Qualität, sondern nur die physische Existenz der Sache betreffen, keinen Einfluß auf den Gefahrübergang haben[23]. Den Gefahrübergang setzt aber auch § 459, I, 1 voraus[24]. Eine

---

II, b; *Rud. Schmidt*, S. 113), deren Reserveursache der zufällige Untergang ist. Dies aber kann nicht zu dem Ergebnis führen, daß das Erfüllungsinteresse des Käufers ein vollständiges sei, in dem Sinne, daß es auch den Wert der untergegangenen Sache bzw. des gezahlten Kaufpreises, beinhalte (vgl. *Enneccerus-Lehmann*, § 107, II, b; *Rud. Schmidt*, S. 113, dazu Kritik von *Larenz II*, § 36, II, b, 3, S. 30, Fall 1). Soweit eine Unmöglichkeit (bzw. ein Unvermögen) der Eigentumsverschaffung beim Verkäufer vorliegt, kann, wie oben § 3, I, 2 a dargelegt wurde, keine Frage des Gefahrüberganges entstehen. D. h. der Käufer schuldet den Kaufpreis (gemäß § 323, I) nicht; wenn er trotzdem geleistet hat, kann er ihn als ungerechtfertigte Leistung zurückverlangen. Unter diesem Gesichtspunkt kann der Schaden weder den Wert der untergegangenen Sache, *deren Gefahr der Verkäufer trägt*, noch den Wert des gezahlten Kaufpreises enthalten, weil dieser nur nach den Vorschriften über ungerechtfertigte Bereicherung kondiziert werden kann, sondern nur die oben (im Text) angegebenen nachteiligen Folgen. In diesem Sinne auch *Siber*, § 50, II, 5, b, *β*: „Der Fahrniskäufer kann bei zufälligem Untergang nach der Besitzübergabe, der der Entwehrung gleichgestellt ist (§ 440, 2) geltend machen, daß er befreit sei, er kann sogar Schadenersatz wegen Nichterfüllung fordern (440, 1 verb. 325)." *Siber* (s. oben § 3, I, 2, Anm. 11) verneint m. R. in diesem Falle den Gefahrübergang.

[21] *Enneccerus-Lehmann*, § 107, I, 3.

[22] *Enneccerus-Lehmann*, § 47, I; *Esser*, § 77, 5. *Michaelidis-Nouaros*, Art. 380, 18; *Zepos I*, § 30, II, 1, *β*; vgl. *Larenz I*, § 20, I, b, S. 227.

[23] *BGB-RGRK-Kuhn*, § 446, Anm. 13 im Anschluß an *OGH* 1, 149, 154; *Boettge*, S. 31; *Enneccerus-Lehmann*, § 103, II, 1 c; *Goldmann-Lilienthal*, § 131, I, 4; *Oertmann*, § 446, 1 f; *Palleske*, S. 31; *Rabel II*, § 114, 1, S. 320; *Schubert*, § 15, 3 in fine; *Soergel-Ballerstedt*, § 446, 7; *Staudinger-Ostler*, § 446, 3; *Stern*, S. 69/70; *Wismeyer*, S. 34; *Würdinger*, Vorbem. vor § 373, Anm. 81. *Gasis*, Art. 522, 38; *Zepos II*, § 3, IV, 1, S. 71, Anm. 3. *Vgl. Adler*. S. 393 ff. *Contra:*

Ausnahme gilt in bezug auf Gattungskäufe; bei diesen schließt eine mangelhafte Leistung gemäß §§ 243 II und 300, II, soweit der Käufer die Kaufsache nicht als Schuldgegenstand angenommen hat[25], die Konkretisierung[26] der geschuldeten Leistung[27] aus und daher kann die Gefahr nicht übergehen (s. auch § 4, III). Trotz des Gefahrüberganges kann der Käufer seine Rechte bei Sachmängeln in vollem Umfang ausüben[28]. Dies ist von besonderer Bedeutung für die Ausübung der Wandelung, die gemäß § 467, der auf § 350 verweist, trotz des zufälligen Unterganges der Kaufsache geltend gemacht werden kann[29]; dasselbe gilt für den Anspruch des Käufers aus Ersatzlieferung gemäß § 480, I, der ebenfalls auf § 467, 1 und dadurch auf § 350 verweist[30]. Die *Ausübung* dieser Rechte aber vernichtet „praktisch"[31] den durch die „Übergabe" herbeigeführten Gefahrübergang[32]. Dies ist eine Reflexwirkung der Sachmängelgewährleistungspflicht des Verkäufers, die übrigens unabhängig von seinen anderen Pflichten besteht und wirkt.

Titze, die *Unmögl.* S. 256, Anm. 2: „Arg. § 467 in Verbindung mit § 350". Ebenfalls die *anglo-amerikanischen Rechte* (S. *Rabel II*, § 114, 1, S. 320.). Das römische Recht schloß bei einer mangelhaften Sache die Perfektion aus (D. 21. 1. 59 [Ulpianus]. *Kaser I*, § 131, 1, IV, S. 461).

[24] § 459, I, 1: „Der Verkäufer einer Sache haftet dem Käufer dafür, daß sie zu der Zeit, zu welcher *die Gefahr auf den Käufer übergeht*, nicht mit Fehlern behaftet ist, ..." (*Palleske*, S. 31; *Wismeyer*, S. 34). Eine eventuelle Verneinung des Gefahrüberganges kann u. U. (§§ 460, 464) zu ganz ungerechten Ergebnissen führen. (S. *Palleske*, S. 33; *Wismeyer*, S. 36/37.)

[25] *Enneccerus-Lehmann*, § 103, II, 1 c; *Staudinger-Ostler*, § 446, 3. *Gasis*, Art. 522, 38.

[26] *Enneccerus-Lehmann*, § 103, II, 1 c; *Oertmann*, § 446, 1 f; *Palleske*, S. 96; *Staudinger-Ostler*, § 446, 3; *Stern*, S. 89. Vgl. *Würdinger*, Vorbem. vor § 373, Anm. 81. *Zepos II*, § 3, IV, 1, S. 71, Anm. 3.

[27] Wenn also ein aluid übergeben wird, kann nicht von einer geschuldeten Kaufsache gesprochen werden (*Esser*, § 103, 2; *Goldmann-Lilienthal*, § 131, I, 4; *Staudinger-Ostler*, § 459, 18).

[28] *Boettge*, S. 31; *Goldmann-Lilienthal*, § 131, I, 4; *Palleske*, S. 31; *Stern*, S. 69/70; *Wismeyer*, 36 ff.; *Würdinger*, Vorbem. vor § 373, Anm. 81. *Gasis*, Art. 522, 28. Vgl. auch *Klang-Bettelheim*, §§ 1048, 1049, I; wenn der Käufer Schadensersatz (z. B. § 463) verlangte, könnte man sagen, daß es sich bei dem späteren zufälligen Untergang der Kaufsache um einen Fall der sog. „überholenden Kausalität" handelte (vgl. oben § 3, I, 2 a, α, δδ, 3, Anm. 20).

[29] *BGB-RGRK-Kuhn*, § 467, Anm. 10; *Endemann*, § 159 a, 4, b, 2; *Enneccerus-Lehmann*, § 103, II, 1 c; *Esser*, § 106, 2 c; *Larenz II*, § 37, II a; *Oertmann*, § 446, 1, f; *Rabel II*, § 114, 1, S. 320; *Soergel-Ballerstedt*, § 446, 7; *Staudinger-Ostler*, § 467, 8; *Stern*, S. 69/70; *Würdinger*, Vorbem. vor § 373, Anm. 81. Vgl. *Adler*, S. 393 ff., insb. 394/395; *Boettge*, S. 31 ff.

[30] *Soergel-Ballerstedt*, § 446, 7; *Staudinger-Ostler*, § 480, 25.

[31] *Palleske*, S. 31; *Rabel II* § 114, 1, S. 320; *Stern*, S. 69/70.

[32] Hier ist darauf aufmerksam zu machen, daß durch die Ausübung des

b) Gefahr der Verschlechterung

Wird die Kaufsache nach der „Übergabe“ zufällig verschlechtert (zum Begriff „Verschlechterung“ vgl. unten § 6, III, 2), so bleibt der Käufer zur Zahlung des vollen Kaufpreises verpflichtet. Die Gefahr der Verschlechterung beim Kaufvertrage stellt keine Abweichung von den allgemeinen im Rahmen des Synallagmas geltenden Vorschriften dar[33]. Durch die Übergabe der Kaufsache hat der Verkäufer, soweit es sich um die physischen Eigenschaften der Sache handelt, eine einwandfreie Leistung erbracht. „Eine bereits erfüllte Pflicht kann nicht unmöglich werden“[34]. (S. auch oben § 2, I, 1, b, *δ*.)

α) Übergang der Verschlechterungsgefahr und Rechtsmängelhaftung des Verkäufers. Die Verschlechterung der übergebenen Kaufsache berührt ihre juristische Qualität nicht[35]. Der Übergang der Verschlechterungsgefahr beeinflußt demzufolge nicht die Rechtsmängelhaftung des Verkäufers. Der Käufer darf seine aus § 440 entspringenden Rechte in vollem Umfang ausüben. § 440, II spricht zwar von einem „Untergang“, aber das muß a fortiori in bezug auf die Verschlechterung gelten[36]. Andernfalls hätte der Käufer ein größeres Interesse an dem Untergang der Kaufsache als an ihrer Verschlechterung; eine Tatsache, die zu unbefriedigenden Lösungen führen kann.

β) Übergang der Verschlechterungsgefahr und Sachmängelhaftung des Verkäufers. Wenn die Kaufsache im Zeitpunkt des Überganges der Verschlechterungsgefahr bereits mit Mängeln behaftet war, bleibt die Haftung des Verkäufers unberührt. Von einem Übergang der Verschlechterungsgefahr kann hier nicht gesprochen werden, soweit dieser nur Verschlechterungen, die nach der Übergabe (s. oben § 3, I, 2, b) entstehen, betrifft; die Verschlechterungsgefahr geht also nur in bezug auf diese letzten auf den

---

Wandelungsrechts im allgemeinen die Folgen des Rücktritts (§ 467) eintreten. Der Kaufvertrag ist daher gemäß § 346 nicht nichtig (so mit Recht *Esser*, § 82, 4, im Anschluß an *RGZ* 171, 207; *Larenz I*, § 25, I a, S. 281. *Contra* die herrschende Meinung).

[33] So m. R. *Heck*, § 83, 6 a. Über den Ausdruck „Gefahr der Verschlechterung“ in ausländischen Rechten s. oben § 3, I, 2 a, Anm. 8.

[34] *Heck*, § 43, 3 b. Vgl. auch *Siber*, § 50, II, 5 b, *β*.

[35] Anders, wenn die Verschlechterung so wesentlich ist, daß die Sache sich als ein aluid darstellt; hier liegt Unmöglichkeit der Eigentumsverschaffung vor. Es handelt sich also um den Untergang der vorher geschuldeten Leistung. Das trifft auch zu, wenn die Verschlechterung nur einen Teil der Kaufsache betrifft und dieser Teil wegen seiner Wichtigkeit einen teilweisen Untergang ausmacht. In diesem letzten Falle liegt jur. quant. teilw. Unmöglichkeit vor. Vgl. aber unten § 6, III, 2.

[36] Dieselbe Lösung nimmt man — *Enneccerus-Lehmann*, § 39, II; *Klasen*, S. 47, Anm. 39; *Palandt-Danckelmann*, § 350, 1 — in Ansehung des ähnlichen Falles des § 350 an.

Käufer über. Der Käufer kann auch sein Wandelungsrecht (§ 467) in vollem Umfang geltend machen. Die nachträgliche Verschlechterung, die verglichen mit dem Untergang ein Minus darstellt, hindert gemäß §§ 467, 350 seine Ausübung nicht (vgl. oben §3, I, b, *α* Anm. 36).

II. Grundstücke

Die Gefahrtragung bei Grundstücken regelt § 446, II: „Wird der Käufer eines Grundstücks oder eines eingetragenen Schiffs oder Schiffsbauwerks[37] vor der Übergabe als Eigentümer in das Grundbuch, das Schiffsregister oder das Schiffsbauregister eingetragen, so treten diese Wirkungen mit der Eintragung ein"[38]. § 446, II weicht von § 446, I hinsichtlich des Zeitpunktes des Gefahrüberganges bei Grundstücken ab[39]. Vgl. die kritische Betrachtung dieser Abweichung oben § 2, V, 1 b.

1. *Zeitpunkt des Gefahrüberganges.* Der maßgebliche Zeitpunkt des Gefahrüberganges bei Grundstücken ist entweder der der „Übergabe" oder der der Eintragung in das Grundbuch, soweit der letztere Akt der

---

[37] Die Sätze „oder eines eingetragenen Schiffs oder Schiffsbauwerks" und entsprechend „das Schiffsregister oder das Schiffsbauregister" sind gemäß einer VO. v. 21. 12. 1940 mit Wirkung v. 1. 1. 1941 angefügt. Sie werden im Handelsrecht erläutert.

[38] *Entw. I,* § 463, II: „Ist bei dem Verkaufe eines Grundstückes die Eintragung des Eigentumsüberganges in das Grundbuch vor der Übergabe erfolgt, so treten die im Abs. 1 bezeichneten Wirkungen schon mit dem Zeitpunkt der Eintragung ein." *Entw. II,* § 387, II: „Wird der Käufer eines Grundstückes vor der Übergabe als Eigentümer in das Grundbuch eingetragen, so treten diese Wirkungen mit der Eintragung ein." Eine besondere Regelung der Frage der Gefahrtragung für Grundstücke haben die Gesetzgebungen nur weniger Staaten getroffen. Für das *anglo-amerikanische* Recht s. z. B. oben § 2, III, Anm. 8. Weiter: *Griechenland,* Art. 522, § 2, Gr. BGB: „In bezug auf ein Grundstück, wenn die Transkription des Kaufvertrages der Übergabe vorangegangen ist, trägt der Käufer die Gefahr mit der Transkription"; gegen die Zufügung dieses Paragraphen waren das *Proschedion Isigitu,* Art. 204, und das *Schedion Syndaktikis Epitropis,* Art. 202, die ausschließlich auf dem Traditionsprinzip beruhten; zur Stellungnahme dieser Entwürfe s. *Ligeropoulo I,* S. 624, und *Triandaphyllopoulos I,* S. 210. *Schweiz:* OR, Art. 220: „Ist für die Übernahme des Grundstücks durch den Käufer ein bestimmter Zeitpunkt (76 ff.) vertraglich festgestellt, so wird vermutet, daß Nutzen und Gefahr erst mit diesem Zeitpunkt auf den Käufer übergehen." Ebenso *Türkei:* Art. 216 (oR). S. auch *Schlegelberger,* D. § 13, 5.

[39] Dies verneinen diejenigen, die auch bei beweglichen Sachen bei einem vor der „Übergabe" verwirklichten Eigentumsübergang den Gefahrübergang bejahen (s. oben § 3, I, 1, Anm. 6). Daß § 446, II auch eine Abweichung vom § 323, I darstellt, steht außer Zweifel, soweit hier der Gefahrübergang sich unabhängig von einer vollständigen Erfüllung (entweder Übergabe oder Eintragung) vollzieht (S. *Heck,* § 83, 6; vgl. auch *Kreß I,* § 19, 1 Cb, S. 412.)

„Übergabe" vorangegangen ist[40]. Der Begriff „Übergabe" in § 446, II ist dem Begriff „Übergabe" des § 446, I, 1 identisch[41].

Dagegen ist äußerst umstritten, ob die Eintragung als solche gemeint ist[42], oder als eigentumsverschaffender Akt (also zusammen mit der Auflassung und den anderen zur Eigentumsverschaffung unentbehrlichen Voraussetzungen)[43]. Die Materialien zum BGB ergeben keine eindeutige Lösung[44]. Wenn eine bloße Eintragung, d. h. ohne irgendeine Eigentumsverschaffung zum Gefahrübergang genügt, dann würde § 446, II eine erstaunliche Abweichung von § 323, I darstellen; denn die bloße Ein-

---

[40] *Achilles-Greiff-Brüggemann,* § 446, 6; *Cosack-Mitteis,* § 183, 2 a, α; *Crome,* § 213, 1 b; *Dernburg-Raape,* § 174, IV, 1; *Endemann,* § 159 a, 5 b; *Enneccerus-Lehmann,* § 103, II, 2; *Esser,* § 103, 4; *Otto v. Gierke,* § 192, IV, 3 a; *Hedemann,* § 32, III, a, 4; *Kohler,* § 93, II; *Kreß I,* § 19, 1, C, b, S. 412; *Larenz II,* § 38, II, b; *Leonhard II,* § 10, S. 21; *Matthiaß,* § 109, II; *Molitor II,* § 3, IV, 5; Oertmann, § 446, 1 a, β; *Palandt-Gramm,* § 446, 4 e; *Palleske,* S. 53; *Planck-Knoke,* § 446, 2, b, β; *Schubert,* § 15, 6; *Soergel-Ballerstedt,* § 446, 10; *Siber,* § 50, II, 5, S. 226; *Titze,* § 41, 3 a, S. 153; *Wetzmüller,* S. 16. *Balis,* § 82, 3; *Gasis,* Art. 522, 21; *Kaukas,* Art. 522, § 9; *Papanikolau,* Art. 522, § 50, 1; *Zepos II,* § 3, IV, 2 α. Diese Eintragung wird nicht durch ein rechtskräftiges Urteil gemäß § 894 ZPO ersetzt, weil ein solches nur die Willenserklärung des Verkäufers ersetzen kann (so mit Recht: *Rosenberg,* 208, III, 3 b; *Staudinger-Ostler,* § 446, 19).

[41] S. oben § 3, I, 1, Anm. 5 und insbesondere *Denkschrift,* S. 60.

[42] So z. B. *Baur,* § 21, II, 2; *Otto v. Gierke,* § 192, IV, 3 a; *Palandt-Gramm,* § 446, 4 e; *Palleske,* S. 53. Vgl. *Planck-Knoke,* § 446, 2, b, β.

[43] S. z. B. *Dernburg-Raape,* § 174, IV, 1; *Leonhard II,* § 10, S. 21; *Wetzmüller,* S. 16. *Gasis,* Art. 522, 21; *Papanikolau,* Art. 522, § 70, 1. Vgl. Oertmann, § 446, 1 b und § 446, 1 c.

[44] Eine „Eintragung" unabhängig von einer Eigentumsverschaffung nehmen die Prot. S. 1722/23 an: „Die Eintragung sei dazu bestimmt, den Übergang der Sache in das Vermögen des Käufers herbeizuführen, und sie habe, von seltenen Ausnahmefällen abgesehen, die Wirkung, daß sie den Käufer zum Eigentümer mache. Es komme ihr also die nämliche Bedeutung zu, wie bei beweglichen Sachen der Übergabe, welche — *sofern nicht einer der Ausnahmefälle vorliege, in welchen ein Rechtsmangel den Eigentumserwerb hindert* — die Sache in das Vermögen des Käufers bringe." *Contra Mot. II,* S. 323: „Mit der einen Ansicht die Tradition und nur die Tradition für maßgebend zu erklären, wäre ungerechtfertigt, weil es der Natur der Sache und dem Wesen des Kaufes als eines Veräußerungsvertrages widerstrebt, den Käufer, *nachdem er Eigentümer der Sache geworden und die volle rechtliche Herrschaft über die Sache erlangt hat,* gleichwohl noch vom Tragen der Gefahr zu befreien." Ebenfalls *Denkschrift,* S. 60 „Indessen würde es dem Wesen des Kaufvertrages sowie der regelmäßigen Parteiabsicht nicht entsprechen, wenn der Verkäufer noch bis zur nachfolgenden Übergabe die Gefahr tragen müßte, *obwohl der Käufer durch die Eintragung Eigentum und damit die volle rechtliche Herrschaft über das Grundstück erlangt hat.*"

tragung kann weder Eigentum noch Besitz übertragen[45], also keine von den in § 433, I festgesetzten Hauptverpflichtungen des Verkäufers erfüllen. Wir haben schon oben (§ 2, V, 1 b) bei der kritischen Betrachtung der verschiedenen Gefahrtragungsprinzipien die bei Grundstücken gegebene Interessenlage aufgezeigt und erkannt, daß eine Abweichung vom synallagmatischen Prinzip den wirtschaftlichen Wert des Grundstückskaufvertrages in Frage stellt. Das gipfelt darin, daß man als Zeitpunkt des Gefahrüberganges den der „Eintragung" betrachtet; von hier ist es nur noch ein kleiner Schritt bis zum „Vertragsprinzip", dessen verkehrsfremder Charakter nunmehr fast von allen anerkannt wird (s. oben § 2, V, 2). Die Interessenlage muß uns also den Weg zu einer gerechten — interessengerechten — Lösung aufzeigen. Dies kann man nur erreichen, wenn man den Gesetzeswortlaut „Eintragung" als Ausdruck des „Eigentumsprinzips" versteht[46].

Der Zeitpunkt des „Eigentumserwerbs" muß, wenn er vor dem der Übergabe liegt, für den Gefahrübergang entscheidend sein. Das BGB hat demzufolge in § 446, II sowohl das Traditions-, als auch das Eigentumsprinzip kumuliert (über diese Prinzipien s. oben § 2, III—IV).

2. *Umfang des Gefahrüberganges.* § 446, II verweist für den Umfang des Gefahrüberganges auf § 446, I, 1: *„So treten diese Wirkungen"* (§ 446, II in fine). Wir müssen also dementsprechend zwischen der Gefahr des Unterganges und der der Verschlechterung unterscheiden (vgl. oben § 3, I, 2).

a. Gefahr des Unterganges

Die Gefahr des Unterganges ist unterschiedlich je nachdem, ob der Gefahrübergang sich schon mit der Übergabe, oder erst mit dem Eigentumserwerb vollzieht.

α) Gefahrübergang mit Übergabe. Der Umfang des Gefahrüberganges ist dem bei beweglichen Sachen gleich (s. oben § 3, I, 2, a). Das Verhältnis

---

[45] *Palleske*, S. 53. *Gasis*, Art. 522, 11. Die Argumente der Protokolle (s. vorig. Anm.) sind nicht stichhaltig. 1. Weil die Eintragung an sich *niemals* dem Käufer Eigentum verschaffen kann; eine Auflassung ist immer unentbehrlich (§§ 873, I, 925, I). 2. Weil die „Übergabe" bei beweglichen Sachen mindestens die Erfüllung einer der Hauptpflichten des Verkäufers (§ 433, I) darstellt, und die Eintragung nicht nur keinen Besitz verschaffen, sondern auch niemals das Eigentum übertragen kann; sie macht lediglich einen *vorbereitenden Teil* der Erfüllung einer von den zwei Hauptpflichten des Verkäufers, nämlich der Eigentumsverschaffungspflicht (§ 433, I) aus, und darf als solche nicht den entscheidenden Zeitpunkt des Gefahrüberganges darstellen.

[46] S. oben § 3, Anm. 44, *Mot. II*, S. 323, und *Denkschrift*, S. 60, die von „Eigentumserwerb" sprechen. Diese Lösung ist freilich nicht die beste (s. oben § 2, V, 2). Sie entspricht aber im Verhältnis zum Gefahrübergang durch bloße „Eintragung" der Interessenlage und dem Sinne der *Mot. II* und der *Denkschrift* besser.

des Gefahrüberganges zu der Rechtsmängelhaftung einerseits und zur Sachmängelhaftung andererseits bleibt gleich (s. oben § 3, I, 2 a, α—β).

β) Gefahrübergang mit „Eigentumserwerb". Bedeutet der Gefahrübergang im vorigen Falle, daß der Verkäufer den Kaufpreisanspruch trotz seiner durch den zufälligen Untergang des verkauften Grundstückes herbeigeführten Unmöglichkeit *zur Eigentumsverschaffung* mangels Gegenstandes behält, so besagt er hier, daß der Verkäufer den Kaufpreisanspruch trotz der durch den zufälligen Untergang herbeigeführten Unmöglichkeit *zur Übergabe* mangels Gegenstandes behält[47]. Andernfalls müßte der Verkäufer die Folgen des § 323, I, tragen (s. oben § 2, I, 1 b γ). Dieser umgekehrte Inhalt des Gefahrüberganges beweist wiederum die Relativität des Begriffes „Gefahr" (s. oben § 1, I und Anm. 5), die uns zu einer Überprüfung ihres Inhaltes von Fall zu Fall zwingt.

αα) Gefahrübergang mit „Eigentumserwerb" und Rechtsmängelhaftung des Verkäufers. Wenn das Grundstück mit Rechtsmängeln, von dem Eigentum abgesehen, behaftet ist, — weil, wie wir früher (s. oben § 3, II, 1) angenommen haben, zum Gefahrübergang mindestens Eigentumsübertragung erforderlich ist[48] —, geht die Gefahr des Unterganges zwar hier (im Gegensatz zum Gefahrübergang mit „Übergabe", s. oben § 3, II, 2 a, α) auf den Käufer über, die Haftung des Verkäufers für Rechtsmängel bleibt aber durch den Untergang des Grundstücks unberührt. Die oben (§ 3, I, 2 a, α) bei beweglichen Sachen in bezug auf das Verhältnis des Gefahrüberganges zu der Rechtsmängelhaftung des Verkäufers entwickelten Grundsätze gelten mutatis mutandis auch hier.

ββ) Gefahrübergang mit „Eigentumserwerb" und Sachmängelhaftung des Verkäufers. Auch hier bleiben die Rechte des Käufers aus der Sachmängelhaftung des Verkäufers trotz des Gefahrüberganges unberührt. Die durch den zufälligen Untergang herbeigeführte Unmöglichkeit zur Übergabe stellt den Inhalt des Gefahrüberganges dar; dieser Inhalt darf aber keinen Dispens von seiner übrigen Haftung herbeiführen. Dieser Fall enthält Interessenbewertungen, die mit der Theorie der „überholenden Kausalität" sehr verwandt sind. Die Rechte des Käufers richten sich also nach dem § 459 ff.[49].

---

[47] Wie aber versteht den Gefahrübergang diejenige Meinung (s. oben § 3, II, 1 und Anm. 42), die zum Gefahrübergang nur eine bloße Eintragung verlangt? Wenn sie folgerichtig sein will, muß der Gefahrübergang einen doppelten Inhalt haben. Sie muß den Gefahrübergang folgendermaßen formulieren: „Beibehaltung des Kaufpreisanspruchs des Verkäufers trotz der durch den zufälligen Untergang des Grundstücks herbeigeführten *Unmöglichkeit zur Übergabe und zur Eigentumsverschaffung mangels Gegenstandes.*"

[48] Dasselbe muß a fortiori für die Gegenmeinung in bezug auf die Rechtsmängelhaftung gelten.

[49] Die Tatsache, daß dem Käufer das Grundstück nicht übergeben worden

b. Gefahr der Verschlechterung

Auch hier muß man zwischen Gefahrübergang mit „Übergabe" und Gefahrübergang mit „Eigentumserwerb" unterscheiden.

α) Gefahrübergang mit „Übergabe". Die Rechtslage ist hier der bei beweglichen Sachen bestehenden ähnlich (s. oben § 3, I, 2 b). Dasselbe gilt in bezug auf das Verhältnis des Gefahrüberganges sowohl zur Rechtsmängel- wie auch zur Sachmängelhaftung des Verkäufers (s. oben § 3, I, 2 b, *α*—*β*).

β) Gefahrübergang mit „Eigentumserwerb". Gefahrübergang heißt hier, daß der Verkäufer trotz der zufälligen Verschlechterung *des Grundstücks vor der Übergabe* den Kaufpreisanspruch behält. Dieser Gefahrübergang macht eine wirkliche Abweichung vom § 323, I im Gegensatz zu dem vorigen Falle (s. oben § 3, II, 2 b *α*) aus.

αα) Gefahrübergang mit „Eigentumserwerb" und Rechtsmängelhaftung des Verkäufers. Ist das Grundstück mit Rechtsmängeln — vom Fehlen des Eigentumsrechts abgesehen (s. oben § 3, II, a*β*, *αα*) — behaftet, so bleibt die Rechtsmängelhaftung trotz des Gefahrüberganges des Verkäufers unberührt. Die oben (§ 3, II a*β*, *αα*) entwickelten, den Untergang betreffenden Gedanken gelten hier a fortiori.

ββ) Gefahrübergang mit „Eigentumserwerb" und Sachmängelhaftung des Verkäufers. Aus dem oben entwickelten Begriff des Gefahrüberganges (§ 3 II, 2, b, *β*) ergibt sich, daß, soweit die Sachmängel keine zufällige Verschlechterung (nach dem Eigentumserwerb) darstellen, von einem Gefahrübergang nicht gesprochen werden kann. Die Haftung des Verkäufers bleibt bestehen (§§ 459 ff.).

III. Gesetzliche Abweichungen vom § 446

§ 446 wird vom Gesetz in bestimmten Fällen beseitigt. So beispielsweise:

1. „*Versendungskauf*". „Versendet der Verkäufer auf Verlangen des Käufers die verkaufte Sache nach einem anderen Ort als dem Erfüllungsorte, so geht die Gefahr auf den Käufer über, sobald der Verkäufer die Sache dem Spediteur, dem Frachtführer oder sonst zur Ausführung der Versendung bestimmten Person oder Anstalt ausgeliefert hat" § 447, I[50].

---

war, spielt für die Sachmängelhaftung keine Rolle, weil der entscheidende Zeitpunkt dieser Haftung nach § 459 der des *Gefahrüberganges* und nicht der der Übergabe ist.

[50] Die Rechtfertigung dieser Abweichung ist darin zu sehen, daß es, soweit der Verkäufer nur an seinem Erfüllungsort zu leisten hat, der Billigkeit nicht entspricht, daß er darüber hinaus die Gefahr tragen muß, wenn der Käufer an einem anderen Ort die Sache empfangen will. Mit der Auslieferung an die

2. *„Erbschaftskauf."* „Der Käufer trägt von dem Abschlusse des Kaufes an die Gefahr des zufälligen Unterganges und einer zufälligen Verschechterung der Erbschaftsgegenstände" § 2380, I[51].

3. *„Zwangsversteigerung."*[52]

4. *Hinterlegung der geschuldeten Kaufsache*. S. unten § 4, V.

5. *Verzug*. S. unten § 4, IV.

---

oben genannten Personen hat der Verkäufer das seinerseits Erforderliche bereits getan (s. z. B. *Crome*, § 213, 1 a; *Enneccerus-Lehmann*, § 103, I, in fine; *Esser*, § 103, 6; *Larenz II*, § 38, II, c, S. 63; *Schmidt II*, § 40, I, 2. Vgl. auch *Otto v. Gierke*, § 192, IV, 3 b; *Kohler*, § 93, II; *Titze*, § 41, 3, *a*, Anm. 1).

[51] Der mit dem Kaufabschluß verbundene Gefahrübergang stellt sich hier dar als Ausfluß der Einheit der die Erbschaft betreffenden Gegenstände und des Versuchs des Gesetzgebers nach Gleichstellung des Käufers mit dem Erben (S. auch *Staudinger-Ostler*, § 446, 26; *Staudinger-Ferid*, § 2380, 1; *Stern*, S. 76. Vgl. aber auch unten § 5, III. 1, Anm. 31.).

[52] ZVG, § 56; *Enneccerus-Lehmann*, § 103, 3, III; *Larenz II*, § 38, II b; *L. Rosenberg*, § 203, II, 1.

§ 4

§ 446 IM RAHMEN DER ALLGEMEINEN VORSCHRIFTEN

§ 446 wirkt sich nur innerhalb des Kaufvertrages aus. Seine Wirksamkeit hängt von den übrigen für Verträge — und zwar für gegenseitige Verträge — geltenden Voraussetzungen ab. Ein kurzer Überblick hierüber ist im Zusammenhang mit dem Gefahrübergang für das Verständnis der Frage unerläßlich.

I. Gültiger Vertrag

Der Gefahrübergang setzt einen gültigen Vertrag voraus[1]. Ein solcher Vertrag liegt vor, wenn alle seine Tatbestandselemente gegeben sind. Erforderlich ist also eine Übereinstimmung der Parteien bezüglich des gemäß § 433 geschuldeten Kaufgegenstandes und des entsprechenden Kaufpreises.

II. Formgerechter Vertrag

Zur Wirksamkeit des Vertrages ist u. U. auch eine bestimmte Form erforderlich. Dies ist von besonderer Bedeutung bei Grundstücken. Die im § 313 vorgeschriebene Schriftform ist einzuhalten[2].

---

[1] *BGB-RGRK-Kuhn*, § 446, 11; *Endemann*, § 159 a, 4 a; *Esser*, § 103, 3; *Otto v. Gierke*, § 192, IV, 2, Anm. 70; *Klasen*, S. 12; *Palandt-Gramm*, § 446, 3; *Rabel II*, § 113, 2, S. 312; *Staudinger-Ostler*, § 446, 16; *RGZ* 75, 115. *Papanikolau*, Art. 522, § 47, 4. Von dem gültigen Kaufvertrag ist der perfekte Kaufvertrag scharf zu trennen (*Rabel II*, § 113, 2, S. 312). Die Gültigkeit des Vertrages bezieht sich grundsätzlich auf die Verbindlichkeit des Vertrages. Die Perfektion, die immer einen gültigen Vertrag voraussetzt, ist ein zusätzliches Erfordernis für die Vollziehung des Gefahrüberganges. Auch das römische Recht verlangte eine Perfektion. Diese bestand in dem Fehlen einer aufschiebenden Bedingung und in einer Konkretisierung des geschuldeten Kaufgegenstandes (S. z. B. *Dernburg-Biermann II*, § 96; *Jörs-Kunkel*, § 141, 2 a; *Kaser I*, § 131, 1, IV, S. 461; *Rabel II*, § 113, 2, S. 312; *Windscheid-Kipp*, § 390, 1.). Die heutige Perfektion besteht in der Konkretisierung der Kaufsache (s. unten § 4, III); über den aufschiebend bedingten Kauf s. unten § 8, I.

[2] *Endemann*, § 159 a, 5 b, Anm. 45; *Fischer-Henle-Titze-David*, § 446, 1; *Oertmann*, § 446, 1 b; *Staudinger-Ostler*, § 446, 16; *Vollmer*, § 4, S. 57. Eine nachträgliche Heilung der Formnichtigkeit des § 313, 1 gemäß 313, 2 hat keine rückwirkende Kraft (so *BGB-RGRK-Wilde*, § 313, Anm. 70; *Erman-Groepper*, § 313, 13, b, aa; *Esser*, § 8, 7, B, a zu B, S. 27; *Palandt-Danckelmann*, § 313, 14 b;

III. Konkretisierung

Der Gefahrübergang bezieht sich entweder auf eine Speziesleistung oder auf eine gemäß § 243, II oder § 300, II konkretisierte Gattungsleistung[3].

Dasselbe gilt für den alternativen Kauf[4]. Bis zur Konzentration gelten aber die §§ 262 ff.[5].

Die Konkretisierung als Voraussetzung des Gefahrüberganges bei Genuskäufen trägt, weil sie in allen Rechten gilt[6], zu einer Annäherung der verschiedenen Gesetzgebungen bei[7]. Dies ergibt sich aus der Tatsache,

---

Schubert, § 48, 2, S. 119; *Staudinger-Coing,* § 141, 7; *Staudinger-Ostler,* § 446, 16; *Soergel-Reimer-Schmidt,* § 313, 35; *Stern,* S. 69. *Contra Larenz I,* § 6, II, S. 71; *Oertmann,* § 446, 1, b). Soweit man aber in einer späteren Auflassung und Eintragung des Grundstücks wegen der Gleichheit der Interessenlage eine tatsächliche Vermutung für die Geltung der Wirkungen des § 141, II anerkennt (so z. B. *BGB-RGRK-Wilde,* § 313, Anm. 70, *Erman-Groepper,* § 313, 13, b, aa; *Palandt-Danckelmann,* § 313, 14 b; *Staudinger-Coing,* § 141, 7; *Soergel-Reimer-Schmidt,* § 313, 35; RG 115, 12), geht daraus hervor, daß wir auch einen früheren Gefahrübergang, der auf Grund des formnichtigen Kaufes geschehen kann, annehmen müssen. Dieser frühere Gefahrübergang findet seine Rechtfertigung in dem Auslegungsrechtssatz des § 141, II *(Contra Vollmer,* § 4, S. 57; *Schubert,* § 48, 2, S. 119. Wir sehen nicht ein, warum in der Fassung „was sie haben würden" der Kaufpreis trotz des Unterganges nicht eingeschlossen werden kann. Es handelt sich freilich nicht um einen eigentlichen Gefahrübergang, weil der Vertrag ex nunc gilt; aber das schadet nicht seiner wirtschaftlichen Bedeutung: Der Käufer muß zahlen, obwohl er nichts erhält).

[3] *BGB-RGRK-Kuhn,* § 446, Anm. 5; *Cosack-Mitteis,* § 183, 4; *Eisser,* § 3, II; *Endemann,* § 159 a, 4 a; *Enneccerus-Lehmann,* § 103, II, 1 c; *Esser,* § 103, 2; *Goldmann-Lilienthal,* § 131, I, 6; *Heck,* § 84, 5; *Kipp zu Windscheid,* § 390, 4; *Kisch,* § 8, II, 1 e; *Larenz II,* § 38, II a, S. 62; *Palleske,* S. 96; *Rabel II,* § 113, 2; *Schlegelberger, D.,* § 13, 1, b; *Schreuer,* § 76, S. 274; *Siber,* § 50, II, 5 a, β; *Staudings-Ostler,* § 446, 2; *Würdinger,* Vorbem. vor § 373, Anm. 81. *Amerika: Clark,* Sales Chapt. II, § 4. *Frankreich: Marty-Raynaud,* Nr. 289 in fine; *Mazeaud II,* Nr. 1120; *Planiol-Ripert-Esmein VI,* Nr. 414; *Planiol-Ripert-Boulanger II,* Nr. 2449; vgl. *Waelbroeck,* Nr. 43. *Griechenland: Apostolidis,* Art. 522, 5, α; *Gasis,* Art. 522, 14; *Tsirindanis,* § 38, I, S. 160. *Italien: Messineo,* XV, 12; *Messineo* III, § 113, 10, B, a; *Rubino,* Nr. 151—bis, a; *Trabucchi,* Nr. 290, S. 664. *Österreich: Klang-Bettelheim,* §§ 1048, 1049, VI; *Krasnopolski-Kafka,* § 24, II, A, 3. *Schweiz: Becker,* Art. 185, 5. Eine mangelhafte Leistung aber schließt die Konkretisierung aus (s. oben § 3, I, 2 a, β).

[4] *Kipp zu Windscheid,* § 390, 5; *Rabel II,* § 116, 3; *Palleske,* S. 96; *Stern,* S. 90. *Apostolidis,* Art. 522, 5, β. *Rubino,* Nr. 151—bis, b.

[5] *Kipp zu Windscheid,* § 390, 5; *Staudinger-Ostler,* § 446, 5. *Apostolidis,* Art. 522, 5, β; *Papanikolau,* Art. 522, § 50, 4. Vgl. auch *Schmitz,* S. 15/16; *Stern,* S. 90. *Klang-Bettelheim,* § 1051, IV (s. auch oben § 1, III, 4).

[6] S. Anm. 3 und *Schlegelberger,* D., 13, 1 b.

[7] So mit Recht *Rabel II,* § 113, 3.

daß die Gefahr im deutschen Recht bei Gattungskäufen regelmäßig mit konzentrationsbewirkenden Akten[8] — Traditionssystem — auf den Käufer übergeht.

IV. Verzug und Gefahrübergang

Der Verzug beeinflußt den Gefahrübergang des § 446 mehrfach. Man muß zwischen Schuldner- und Annahmeverzug unterscheiden.

1. *Schuldnerverzug.* Der Schuldnerverzug ist sowohl bei beweglichen Sachen als auch bei Grundstücken von Bedeutung.

a. Bewegliche Sachen

Hier entsteht die Frage nach dem Einfluß des Verzugs auf den Gefahrübergang, wenn die Gefahr gemäß § 446, I, 1 durch „Übergabe" auf den Käufer übergegangen ist und der Verkäufer in bezug auf die Eigentumsverschaffung — seine zweite Hauptflicht § 433, I — in Verzug geraten ist (§ 287, 2).

Die Lösung läßt sich aus dem Begriff des Gefahrüberganges (s oben, § 3, I, 2a) ableiten. Soweit der Verkäufer gemäß § 287, 2 für jede zufällige[8a] Unmöglichkeit zur Eigentumsverschaffung — also nicht nur gerade für die durch den zufälligen Untergang herbeigeführte — verantwortlich ist, ist für einen nach § 446, I erfolgenden Gefahrübergang — d. h. Befreiung des Verkäufers von seiner Eigentumsverschaffungspflicht ohne Verlust seines Kaufpreisanspruchs im Falle der durch zufälligen Untergang herbeigeführten Eigentumsverschaffungsunmöglichkeit — kein Raum[9]. Dies beruht auf dem besonderen Unwert des Schuldnerverzuges — (§ 285 = Verschuldensprinzip) —, dessen Wirkungen im Verhältnis zu denen des § 446, I — Zufallsprinzip — schärfer sind[9a] wegen besonderer Gründe (Verschulden). § 287 ist also dem § 446 gegenüber eine Spezialvorschrift (lex specialis)[10]. Der Ausschluß des Gefahrüberganges

---

[8] Z. B. „Übergabe": (§§ 433, I, 243, II), Annahmeverzug des Gläubigers. Mit dem Annahmeverzug, der die Gefahr auf den Käufer übergehen läßt (s. unten § 4, IV, 2), fällt das nach § 243, II „zur Leistung einer solchen Sache seinerseits Erforderliche" zusammen (so m. R. *Enneccerus-Lehmann,* § 6, III, 2 in fine; *Larenz I,* § 24, II, b S. 275. *Contra Esser,* § 41, 5 a. S. auch Art. 290, § 1 *Gr. BGB*). Bei Schickschulden entscheidet die „Versendung" § 447, I *(Enneccerus-Lehmann,* § 6, III, 2; *Esser,* § 41, 5, S. 145; *Larenz I,* § 24, b, S. 275.

[8a] „Zufällig" heißt hier im Gegensatz zu § 446 (s. unten § 6, I) bloß „unverschuldet", nicht auf Fahrlässigkeit beruhend.

[9] Dieselbe Lösung nehmen die *Prot.* S. 1722 ff. bei Grundstücken (s. unten Anm. 10) an.

[9a] Der Verkäufer ist also hier in weitem Umfang verantwortlich (§§ 440; 326 ff. *Larenz II,* § 36, II, b, 1, S. 28; *Planck-Knoke,* § 440, 4, b; *Staudinger-Ostler,* § 410, 13. Vgl. auch *Enneccerus-Lehmann,* § 107, I, 2. *Rubino,* Nr. 150, b).

[10] Der Verzug verändert die Gefahrtragung auch in anderen Rechten. So z. B. *Belgien: De Page II,* Nr. 856; *Waelbroeck,* Nr. 44. *Frankreich: Code Civil*

nach § 287, 2 ist aber praktisch nur von geringem Wert, weil der Verkäufer in der Mehrzahl der Fälle imstande sein wird, zu beweisen, „daß der Schaden auch bei rechtzeitiger Leistung eingetreten sein würde" (§ 287, 2 in fine) und dadurch wieder zur Geltung des § 446, I, 1 zu gelangen.

b. Grundstücke

Wir unterscheiden nach § 446, II zwischen Gefahrübergang mit „Übergabe" und mit „Eigentumserwerb" (vgl. oben § 3, II, 1).

α) Schuldnerverzug und Gefahrübergang mit „Übergabe". Geht die Gefahr mit Übergabe gemäß § 446, II auf den Käufer über, gerät aber der Verkäufer mit seiner Eigentumsverschaffungspflicht in Verzug, so ergibt sich aus dem Begriff des Gefahrüberganges (s. oben § 3, II, 2 a *α*) in Verbindung mit § 287, 2, daß der Verkäufer *von dem Zeitpunkt seines Verzuges* ab die Gefahr trägt[11]. Übrigens s. oben § 4, IV, 1 a.

β) Schuldnerverzug und Gefahrübergang mit „Eigentumserwerb". Wenn die Gefahr mit „Eigentumserwerb" nach § 446, II auf den Käufer übergeht und der Verkäufer hinsichtlich seiner Übergabepflicht in Verzug gerät, ergibt der Begriff des Gefahrüberganges (s. oben § 3, II, 2 a *β*) in Verbindung mit § 287, 2, daß der Verkäufer von diesem Zeitpunkt ab

---

Annoté III, Art. 1138. Nr. 69; *Marty-Raynaud*, Nr. 289; *Mazeaud II*, Nr. 1121; *Waelbroeck*, Nr. 44. *Griechenland:* Vgl. *Gasis*, Art. 522, 36. *Italien: Rubino*, Nr. 150, b, der m. R. hier eine Verschuldenshaftung sieht; *Waelbroeck*, Nr. 47, 2. *Niederlande:* Art. 1273, 2 (BW); *Waelbroeck*, Nr. 54. *Schweiz: Becker*, Art. 185, 1. *Sowjetrußland: Sowjetisches Zivilrecht II - Schkundin*, I, § 3, 4.

[11] Diese Lösung ergibt sich auch aus den Protokollen. S. *Prot.* S. 1722: „hinsichtlich des Gefahrüberganges soll es beim Entw. bewenden, mit der Maßgabe jedoch, daß die Gefahr, falls die Übergabe vor der Eintragung erfolgt ist, *als nicht übergegangen angesehen werden soll, wenn der Verkäufer demnächst mit der Bewirkung der Eintragung in Verzug gerät*". S. 1723: „Anders aber sei es, wenn der Verkäufer mit der Auflassung in Verzug komme. Jetzt sei der Käufer nicht mehr im vertragsmäßigen Genusse, die erwartete Ergänzung der Vertragserfüllung sei ausgeblieben, der Käufer habe das Grundstück nicht in sein Vermögen bekommen, er besitze es als fremdes und sehe sich der Gefahr ausgesetzt, es herausgeben zu müssen." S. 1723/24: „Die Übergabe dürfe daher die Wirkung der Gefahrübertragung nur in einer ähnlichen Weise haben, wie dies bei einem Kaufe unter auflösender Bedingung der Fall sei. Trete die Bedingung ein, *so gehe die Gefahr rückwärts auf den Verkäufer zurück; ebenso müsse, wenn der Verkäufer mit der Auflassung in Verzug gerate, die Gefahr als von vornherein nicht übergangen gelten.*" Die rückwirkende Aufhebung des Gefahrüberganges findet aber keine Rechtfertigung im BGB. Der Unwert des Schuldnerverzuges darf erst ab seinem Eintritt seine Wirkungen auslösen (also ex nunc). Dies ist z. B. in Ansehung der Nutzungen und Lasten (s. § 446, I, 2) bedeutungsvoll.

die Gefahr trägt. Was wir oben § 4, IV, 1 b, *a* und § 4, IV, 1 a gesagt haben, gilt auch hier in vollem Umfang[12].

2. *Annahme- oder Gläubigerverzug.* Die besonderen Vorschriften, die den Annahmeverzug des Gläubigers regeln, finden auch beim Kaufvertrage Anwendung[13]. Gerät also der Käufer in Annahmeverzug hinsichtlich des Empfanges der gehörig angebotenen Leistung — bei der Übergabe bzw. beim Eigentumserwerb —, so geht die Gefahr auf ihn über (über den Begriff „zufällig" in diesem Falle s. unten § 6, II).

V. Gefahrübergang bei Hinterlegung der geschuldeten Kaufsache

Die Gefahr geht auch im Falle einer Hinterlegung der geschuldeten Kaufsache gemäß § 379, II auf den Käufer über[14]. Die Interessenlage ist der bei Annahmeverzug verwandt. § 446 wird also durch § 379, II erheblich modifiziert.

VI. Gefahrübergang und übrige Pflichten des Verkäufers

§ 446 bezieht sich, wie oben (§ 3, I, 2; II, 2) dargelegt wurde, nur auf einen zufälligen Untergang bzw. eine zuf. Verschlechterung der geschuldeten Kaufsache; dies bedeutet, daß § 446 keine Entlastung des Verkäufers von seinen noch nicht erfüllten übrigen Pflichten festlegt[15]. Diese muß er erfüllen bzw. ein nach § 281 stellvertretendes Kommodum zurückgeben[16]. Dasselbe gilt für alles, was er durch seine Befreiung erspart hat (§ 323, I)[17].

---

[12] Die Stellungnahme der *Prot.* (s. oben Anm. 10), soweit sie nur auf den Gefahrübergang mit „Übergabe" bezug nimmt, ist einseitig. Sie versuchen die Lösung nicht aus dem Sinne des Gefahrüberganges in Verbindung mit dem Verzug zu lösen. Die richtige Anwendung des Gefahrüberganges führt in beiden Fällen zu denselben Ergebnissen (s. oben im Text).

[13] §§ 300, I und II, insbes. § 324, II. *Adler,* S. 422 ff.; *Cosack-Mitteis,* § 183, 2 a, *δ*; *Crome,* § 213, 3 c; *Dernburg-Raape,* § 174, VI; *Endemann,* § 159 a, 5, *α*, 3; *Kipp zu Windscheid,* § 390, 3; *Kisch,* § 8, II d; *Loewenwarter,* § 446, S. 11; *Matthiaß,* § 109, V; *Planck-Knoke,* § 446, 2, b, *α* in fine; *Rabel II,* § 114, 2, S. 321; *Schlegelberger,* D, § 11; *Schollmeyer,* I, IV, 3; *Schubert,* § 15, 4; *Siber,* § 50, II, 5 a; *Soergel-Ballerstedt,* § 446, 3; *Stern,* S. 75; *Staudinger-Ostler,* § 446, 26; *Wetzmüller,* S. 17. *Apostolidis,* Art. 522, 6; *Kaukas,* Art. 522, § 3; *Zepos II,* § 3, IV, 1, S. 71. *Klang-Bettelheim,* § 1051, II. Projet d'une Loi Uniforme sur la Vente Internationale des Objets Moboliers Corporels. Nouveau Texte élaboré par la Commission Spéciale nommée par la conférance de la Haye sur la Vente. La Haye 1956. Art. 110 (s. *Waelbroeck,* Nr. 200).

[14] *Staudinger-Ostler,* § 446, 26; *Stern,* S. 75; *Wetzmüller,* S. 17; vgl. *Larenz I,* § 27, II c.

[15] *Endemann,* § 159 a, 4 b, 3; *Staudinger-Ostler,* § 446, 10; *OLG Stuttgart, Recht* 1911, Nr. 2427.

[16] Z. B. Die Versicherungssumme, die er erlangt hat (*Titze, Die Unmögl.* S. 263; *Wirtz,* S. 16).

[17] *Staudinger-Ostler,* § 446, 10; *OLG* Stuttgart, *Recht,* 1911, Nr. 2427.

VII. § 446 und § 242

§ 446 steht, wie alle Bestimmungen des BGB, unter dem Einfluß des § 242[18]. Das heißt, daß § 446 u. U., beispielsweise wenn es sich um Auswirkungen allgemeiner wirtschaftlicher Katastrophen handelt, keine Anwendung finden kann[19].

VIII. § 446 ist kein zwingendes Recht

§ 446 ist kein zwingendes Recht[20]. Er kann also durch Privatvereinbarung sowohl ausdrücklich als auch stillschweigend[21], insbesondere auf Grund von Verkehrssitten, deren Inhalt u. U. als stillschweigend vereinbart gelten kann[22], außer Kraft gesetzt werden.

---

[18] *Staudinger-Ostler*, § 446, 10; OGH 1, S. 69.

[19] So m. R. *Achilles-Greiff-Brüggemann*, § 446, 2; *BGB-RGRK-Kuhn*, § 446, Anm. 2; *Staudinger-Ostler*, § 446, 10; OGH 1, 70.

[20] *Mot. II*, S. 324; *Achilles-Greiff-Brüggemann*, § 446, 1; *BGB-RGRK-Kuhn*, § 446, Anm. 19; *Cosack-Mitteis*, § 183, 6; *Crome* § 213, S. 415/16; *Dernburg-Raape*, § 174, VII; *Endemann*, § 159, a, 4; *Erman-Böhle-Stamschräder*, § 446, 6 a; *Otto v. Gierke*, § 192, IV, 2; *Heck*, § 84, 7; *Klasen*, S. 47 ff.; *Kreß I*, § 19, 1, C, b, S. 412; *Künzli*, S. 14; *Matthiaß*, § 109, V; *Molitor II*, § 3, IV, 2; *Oertmann*, § 446, 5 c; *Planck-Knoke*, § 446, 1; *Siber*, § 50, II, 5 c; *Soergel-Ballerstedt*, § 446, 11; *Staudinger-Ostler*, § 446, 27; *Warneyer-Bohnenberg*, § 446, I; *Wetzmüller*, S. 11.

Dasselbe gilt auch für andere Rechte: Z. B. *Amerika: Williston*, 2, § 302. *Frankreich: Colin-Capitant-Julliot de la Morandière II*, § 879; *Mazeaud II*, Nr. 1122; *Waelbroeck*, Nr. 43. *Griechenland: Kaukas*, Art. 522, § 5, S. 97; *Papanikolau*, Art. 522, § 50, 5; *Zepos II*, § 3, IV, 1, S. 71. *Italien: Rubino*, Nr. 152-bis. *Niederlande: Waelbroeck*, Nr. 53. *Österreich: Ehrenzweig*, § 364, IV, 1; *Klang-Bettelheim*, §§ 1048, 1049, V; *Krasnopolski-Kafka*, § 24, II, A, 1. *Schweiz: Becker*, Art. 185, 2; *Oser-Schönenberger*, Art. 185, 18. *Sowjetrußland: Sowjetisches Zivilrecht II-Schkundin*, I, § 3, 4.

[21] *Soergel-Ballerstedt*, § 446, 11; *Staudinger-Ostler*, § 446, 27; *Wetzmüller*, S. 45; *RG, Recht* 1907, Nr. 741; *RG, Recht*, 1920, Nr. 2350; *OLG* (Rostock) 33, 266. Eine solche stillschweigende Vereinbarung kann man in der im einseitigen Interesse des Käufers liegenden Aufschiebung der Übergabe finden (s. *Oertmann*, § 446, 5 c, vgl. auch *Krückmann*, S. 56 ff.). Eine vorzeitige Übergabe mit der Garantie des Käufers, daß in der Zwischenzeit nichts passiere, bewirkt stillschweigend nur von dem vorgesehenen Zeitpunkt der Übergabe an den Gefahrübergang (Breslau, *Recht* 1905, 250, Nr. 1115; *Soergel-Ballerstedt*, § 446, 11). Im Gegensatz dazu sieht das *RG (Gruchots Beitr.*, 62, 222; vgl. auch *WarnRspr.* 1926, Nr. 44) m. R. in der Klausel „wie es steht und liegt" keine Vereinbarung über den Gefahrübergang, sondern eine Vereinbarung, die die Ausschließung der Haftung des Verkäufers wegen Sachmängel betrifft.

[22] *Staudinger-Ostler*, § 446, 27.

§ 5

ANWENDUNGSBEREICH DES § 446, ODER OBJEKTE DER GEFAHR

I. Der Anwendungsbereich des § 446 erstreckt sich hauptsächlich auf Sachen, wie sich aus seiner Fassung „mit der Übergabe der *verkauften* Sache" ergibt.

1. *Sachen.* Der Begriff „Sache" ist dem Allg. Teil des BGB (§ 90 ff.) zu entnehmen. Unter einer Sache versteht man ein nach der Verkehrsauffassung selbständiges Stück der unfreien und beherrschbaren Natur[1]. Keine Sachen im Rechtssinne sind: a) die wesentlichen Bestandteile einer Sache, b) die Energien, c) die Sachgesamtheit, d) die Sachinbegriffe, e) die Rechte und f) die Rechtsgesamtheiten.

2. *Zubehör.* Soweit das Zubehör eines Grundstückes als bewegliche Sache im Sinne des Gesetzes angesehen werden kann[2], erwächst daraus die Frage, ob für das Problem des Gefahrüberganges beim Kaufvertrage die Vorschriften des § 446, I, 1, oder des § 446, II Anwendung finden, ob also die Gefahr mit der Übergabe des Zubehörs[3], oder schon mit einem vorangegangenen Eigentumserwerb des mitverkauften Grundstücks[4] auf den Käufer übergeht.

Abgesehen von dem ganz anders liegenden Fall, daß ein Parteiwillen geäußert ist[5], kann die Frage nicht aus der begrifflichen Eigenschaft des Zubehörs als beweglicher Sache beantwortet werden. Obwohl aus den §§ 314 und 926, I, 2 kein allgemeiner Grundsatz für das Zubehör entnommen werden kann[6], zwingt die besondere Gestaltung der Interessen-

[1] *Enneccerus-Nipperdey I,* § 126, II; *Lehmann,* § 49, I; *RG* 87, 45; vgl. *Lange,* § 33, I, 1 a.

[2] § 97, I; *Enneccerus-Nipperdey I,* § 126, I; *Lange,* § 34, IV, 1; *Lehmann,* § 52, I, 1 a.

[3] So *BGB-RGRK-Kuhn,* § 446, Anm. 16; *Endemann,* § 159 a, 5 b, Anm. 47 *in fine*; *Schubert,* § 49, 3; *Soergel-Ballerstedt,* § 446, 10; *Staudinger-Ostler,* § 446, 18. *Gasis,* Art. 522, 21.

[4] So *Dernburg-Raape,* § 174, IV, 1; *Künzli,* S. 21; *Molitor II,* § 3, IV, 2, S. 19; *Palleske,* S. 67/68; *Planck-Knoke,* § 446, 2 b, *β*; *Siber,* § 50, II, 5, S. 226.

[5] *Oser-Schönenberger,* Art. 187, 7 wollen aus dem Willen der Parteien eine Lösung finden.

[6] *Eichler I,* S. 73/74; *Enneccerus-Nipperdey I,* § 126, III; vgl. *Lehmann,* § 52, II.

lage in diesem Falle trotzdem zur Bejahung des Gefahrüberganges nach § 446, II. Das BGB stellt für den Eigentumsübergang bei Grundstücken die Vermutung auf[7], die auf dem regelmäßigen Parteiwillen beruht und ihre Rechtfertigung in dem wirtschaftlichen Abhängigkeitsverhältnis[8] zwischen Grundstück (Hauptsache) und Zubehör (Nebensache) findet, daß mit dem Eigentum am Grundstück auch das Eigentum am Zubehör übergehen soll[9]. Wenn aber der Parteiwille für den Eigentumsübergang des Zubehörs auf die für das Fahrnisrecht typischen Übereignungsakte (z. B. Tradition) vermutungsweise verzichtet hat, muß derselbe Parteiwille erst recht für jede nur mögliche einheitliche Behandlung der aus dem Kaufvertrage entspringenden Rechtsfolgen, also auch für den Gefahrübergang, vermutet werden. Das Argumentum a fortiori gilt hier in vollem Unfang[10].

3. *Unwesentliche Bestandteile.* Die unwesentlichen Bestandteile eines Grundstücks sind, vorbehaltlich ihrer Sonderrechtsfähigkeit[11], keine beweglichen Sachen, sondern unbewegliche Sachen[12]. Die Gefahr geht also, soweit sie mit dem Grundstücke zusammen eine Einheit im Verkehr darstellt, nach § 446, II, auf den Käufer über[13].

4. *Scheinbestandteile.* Die Scheinbestandteile sind anerkanntermaßen[14] bewegliche Sachen. Ihre zeitliche lose wirtschaftliche Verbindung mit dem

---

[7] *Baur,* § 22, IV; *Staudinger-Seufert,* § 926, 1 b; *Westermann,* § 77, V, 2; *Wolff-Raiser,* § 61, III.

[8] *Baur,* § 22, IV; *BGB-RGRK-Pritsch,* § 926, Anm. 1; *Eichler I,* S. 75; *Planck-Strecker,* § 926, 1; *Soergel-Baur,* § 926, 1; *Staudinger-Seufert,* § 926, 1.

[9] § 926, I.

[10] Es wäre sehr seltsam, wenn der Verkäufer seinen vollen Kaufpreisanspruch hinsichtlich des Gebäudes, das nach dem Eigentumsübergang zerstört wurde, geltend machen könnte, aber dieser Anspruch um den Wert des Zubehörs (z. B. Schlüssel usw.) vermindert würde.

[11] *BGB-RGRK-Kregel,* § 93, Anm. 47; *Soergel-Siebert,* § 93, 18-19. Unter diesem Gesichtspunkt können sie ausnahmsweise als bewegliche Sachen betrachtet werden und § 446, I, 1 kann Anwendung finden.

[12] *BGB-RGRK-Kregel,* § 93, Anm. 48; *Schlegelberger-Vogels-Heußler,* § 93, 34; *Soergel-Siebert,* § 93, 18; *Staudinger-Coing* § 93, 7; *RG* 158, 369. *Contra Enneccerus-Nipperdey I,* § 122, I, 3 und § 125, IV in fine.

[13] Für diejenige Meinung, die die unw. Bestandteile als bewegliche Sachen betrachtet (s. oben Anm. 12), muß das für das Zubehör Gesagte gelten (s. oben § 5, I, 2). Dies muß a fortiori gelten, weil bei unwesentlichen Bestandteilen das Abhängigkeitsverhältnis zu der Hauptsache in stärkerem Maße in Erscheinung tritt.

[14] *BGB-RGRK-Kregel,* § 95, Anm. 44; *Enneccreus-Nipperdey I,* § 125, II, 3 b, S. 803; *Lange,* § 34, III, 2; *Palandt-Danckelmann,* § 95, 1; *Schlegelberger-Vogels-Heußler,* § 95, 2; *Soergel-Siebert,* § 95, 14; *Staudinger-Coing,* § 95, 13; *Staudinger-Seufert,* § 926, 5.

Grundstück rechtfertigt keine Abweichung von der Regelung des Gefahrüberganges nach § 446, I, 1.

5. *Wesentliche Bestandteile.* Diese Bestandteile können trotz ihrer Sonderrechtsunfähigkeit (§ 93) Gegenstand eines besonderen Kaufvertrages unter der aufschiebenden Bedingung ihrer Trennung[15] werden. Wenn der Verkäufer dem Käufer den Besitz dieser Bestandteile vor der Trennung[16] — also vor dem Eintritt der aufschiebenden Bedingung — übergibt, entsteht das Problem, ob durch diese Besitzübergabe die Gefahr auf den Käufer übergegangen ist oder nicht. Einige[17] bejahen die Frage, andere[18] verneinen sie. Die Lösung läßt sich besser unter Zuhilfenahme der Prinzipien des Gefahrüberganges beim aufschiebend bedingten Kauf (s. unten § 8, I) bzw. dem Kaufe unter Eigentumsvorbehalt (s. unten § 9) finden.

II. Gefahrübergang bei Rechten

Der Kaufvertrag hat als Gegenstand nicht nur Sachen, sondern auch Rechte (§ 433, I, 2). Für den Gefahrübergang in diesem Falle müssen wir zwischen den Rechten an Sachen, die zum Besitz der Sache berechtigen, und den übrigen Rechten unterscheiden.

1. *Rechte an Sachen, die zum Besitz der Sache berechtigen.* § 446 findet gemäß § 451[19] beim Kauf von dinglichen Rechten, die zum Besitz der Sache berechtigen, entsprechende Anwendung[20]. Rechte, die zum Besitz der Sache berechtigen, sind z. B. das Erbbaurecht (§ 1, Erbbau VO), der Nießbrauch (§ 1036, I), das Wohnungsrecht (§ 1093), das Pfandrecht an beweglichen Sachen (§§ 1205, 1251, I).

---

[15] § 308, I; *Zitelmann*, S. 56; vgl. *Eichler I*, S. 71.

[16] Die Übergabe dieses Besitzes ist möglich, weil das BGB den Teilbesitz anerkennt (§ 865) und die Übergabe des Besitzes mit dem Eigentumserwerb in bezug auf den Gefahrübergang nichts zu tun hat. Es ist also nicht *Zitelmann*, S. 57 zuzustimmen, wenn er für die Gültigkeit der „Übergabe" eine Trennung des Bestandteiles verlangt (er arbeitet mit einem Analogieschluß aus § 929).

[17] *Palleske*, S. 97.

[18] *Zitelmann*, S. 57 (so auch Anm. 16). Seine Meinung ist aber im Ergebnis der vorigen ähnlich, weil er in der Besitzverschaffung einen gefahrübertragenden Parteiwillen sieht (S. 58).

[19] *Entw. I*, § 463, III: „Die Vorschriften des Abs. 1 und 2 finden im Falle des Verkaufes eines auf eine Sache sich beziehenden Rechtes, zu dessen Ausübung die Inhabung derselben erforderlich ist, entsprechende Anwendung." *Entw. II*, § 391: „Ist ein Recht an einer Sache verkauft, das zum Besitze der Sache berechtigt, so finden die Vorschriften §§ 380—390 (jetzt §§ 446—450) entsprechende Anwendung."

[20] *BGB-RGRK-Kuhn*, § 446, Anm. 6; *Crome*, § 213, 1 c; *Dernburg-Raape*, § 174, IX, *Erman-Böhle-Stamschräder*, § 446, 1; *Otto v. Gierke*, § 192, IV, 4; *Goldmann-Lilienthal*, § 131, IV, 2; *Kisch*, § 8, II, 2; *Matthiaß*, § 109, IV; *Palandt-Gramm*, § 451, 1; *Palleske*, S. 97; *Planck-Knoke*, § 446, 1; *Schollmeyer*,

Die entsprechende Anwendung (§ 446, I, 1 oder § 446, II) hängt von der Eigenschaft (Fahrnis oder Grundstück) der Sache ab[20a], zu deren Besitz das verkaufte Recht berechtigt.

2. *Andere Rechte.* § 451 gilt nicht für andere Rechte[21], insbesondere nicht für den Kauf von Forderungen. Bei diesen fehlt zwischen Kaufabschluß und Erfüllung ein entscheidendes Moment für einen früheren Gefahrübergang. Die Gefahr geht also nach § 323 mit der vollständigen Erfüllung auf den Käufer über[22].

III. Gefahrübergang bei anderen Kaufgegenständen

Gegenstand eines Kaufvertrages können nicht nur Sachen und Rechte sein, sondern auch andere wirtschaftliche verkehrsfähige Güter[23], bezüglich derer, die für den Sach- und Rechtskauf gegebenen Vorschriften analog gelten. Hier ergibt sich die Frage, ob § 446 in Ansehung dieser Gegenstände gilt, oder ob eine modifizierte Regelung der Natur der Sache oder dem regelmäßigen Parteiwillen nach hier in Erscheinung treten muß. Die Frage ist bei der Verschiedenheit der Fälle nicht gleich zu beantworten.

1. *Sachgesamtheiten und Kauf in Bausch und Bogen.* Die Sachgesamtheiten (oder Sachbegriffe) bestehen aus mehreren selbständigen Sachen, die wegen ihrer einheitlichen wirtschaftlichen Bestimmung eine Einheit

---

I, IV, 5 S. 18/19; *Staudinger-Ostler,* § 446, 6; *Stern,* S. 102/103. *Gasis,* Art. 522, 15; *Papanikolau,* Art. 522, § 52, 1; vgl. *Oertmann,* § 446, 1 d; *Zepos II,* § 3, IV, 1, S. 69, Anm. 2. Dies besagt nicht, daß das Eigentum (§ 446) kein solches Recht ist. Der Gesetzgeber identifiziert in § 446 das Eigentum mit der „Sache"; dies entspricht einer nichtjuristischen, rein sprachlichen Auffassung (s. auch *Otto v. Gierke,* § 192, IV, 4, Anm. 84; *Stern,* S. 102/103, Anm. 1). Dasselbe gilt für den Kauf der Ausübung eines solchen Rechts (*Staudinger-Ostler,* § 451, 1), aber nicht für den Kauf von Befugnissen öffentlichrechtlicher Art (*Staudinger-Ostler,* § 451, 1; *RG DNotZ* 1933, 301 [Apothekenbetriebsrecht]).

[20a] *Crome,* § 213, 1 c; *Dernburg-Raape,* § 174, IX; *Kisch,* § 8, II, 2; *Schollmeyer,* I, IV, 5, S. 18/19; *Palandt-Gramm,* § 451, 2; *Planck-Knoke,* § 451, 2 a; *Staudinger-Ostler,* § 451, 2. Die Gefahr geht also z. B. beim Nießbrauch einer beweglichen Sache mit ihrer Übergabe (§§ 1032, 1; 446, I, 1), beim Nießbrauch eines Grundstücks auch mit einem vorangegangenen Nießbrauchserwerb (§§ 873, I; 446, II) auf den Käufer dieses Rechtes über.

[21] *Kisch,* § 8, II, 2; *Palandt-Gramm,* § 446, 1; *Palleske,* S. 95; *Staudinger-Ostler,* § 451, 3. *Gasis,* Art. 522, 15; *Papanikolau,* Art. 522, § 52, 2.

[22] *Kisch,* § 8, II, 2; *Staudinger-Ostler,* § 451, 3. *Gasis,* Art. 522, 15; *Papanikolau,* Art. 522, § 52, 2. Vgl. *Palleske,* S. 97; *Stern,* S. 103. Es handelt sich hier selbstverständlich um keinen Gefahrübergang im eigentlichen Sinne, weil mit der vollständigen Erfüllung nur ein „periculum rei" in Frage kommt (s. oben § 1, Anm. 19).

[23] *Enneccerus-Lehmann,* § 101, II; *Erman-Böhle-Stamschräder,* § 433, 1; *Esser,* § 101, 1; *Larenz II,* § 35, I, S. 8; *Staudinger-Ostler,* § 433, 28; *Zepos II,* § 3, IV, 1, S. 69, Anm. 2.

darstellen[24] (z. B. ein Warenlager, eine Bibliothek, ein Gutsinventar usw.). Ein einheitliches Recht an der Sachgesamtheit gibt es nicht[25], soweit sie an sich keine Sache ist; nur Rechte an den einzelnen Sachen, aus denen sie besteht, können nach den Bestimmtheitsprinzip zustandekommen.

Wegen der einheitlichen Bestimmung der die Gesamtheit betreffenden Sachen nimmt ein Teil der Theorie[26] an, daß der regelmäßige Parteiwille in bezug auf den Gefahrübergang eine Abweichung vom Traditionsprinzip (§ 446, I, 1) zugunsten des Vertragsprinzips vornimmt; man rechtfertigt diese Abweichung mit einer Analogie zu dem Erbschaftskauf (§ 2380)[27]. Eine andere Meinung[28] unterscheidet zwischen totalem und teilweisem Untergang; die Gefahr des ersten Falles trage der Verkäufer bis zur Übergabe, des zweiten Falles der Käufer vom Kaufabschluß ab.

Damit ist die Frage des Gefahrüberganges beim Kauf „in Bausch und Bogen" verwandt; hier handelt es sich um eine Mehrheit von selbständigen Sachen, die zu einem einheitlichen Preis, wie sie stehen und liegen, gekauft werden[29]. Die Meinungen sind auch hier geteilt. Eine Lehre[30] nimmt an, daß die Gefahr auch hier, soweit kein anderer Parteiwille ausgedrückt ist, mit der Übergabe auf den Käufer übergehe — also keine Abweichung vom § 446, I, 1. Eine andere[31] unterscheidet zwischen totalem und teilweisem Untergang (wie oben bei Sachgesamtheiten); eine dritte[32] sagt, daß die Frage immer eine Tatfrage sei.

Das Gemeinsame zwischen dem Kauf „in Bausch und Bogen" und einer Sachgesamtheit liegt in der Einheit der Bestimmung der einzelnen

---

[24] *Eichler I*, S. 61; *Enneccerus-Nipperdey I*, § 121, III; *Lehmann*, § 49, I, 2 b.

[25] *Eichler I*, S. 61; *Enneccerus-Nipperdey I*, § 121, III, 1; *Lehmann*, § 49, I, 2 b, *a*.

[26] *BGB-RGRK-Kuhn*, § 446, Anm. 15; *Kohler*, § 93, II, S. 250. Vgl. *Otto v. Gierke*, § 192, IV, 5.

[27] *BGB-RGRK-Kuhn*, § 446, Anm. 15; *Kohler*, § 93, II, S. 250.

[28] *Crome*, § 313, 3 b; *Goldmann-Lilienthal*, § 131, I, 7; *Siber* § 50, II, 5 c.

[29] *Schreuer*, § 89, VIII.

[30] *Mot. II*, S. 324: „An sich ist der Kauf in Bausch und Bogen in Ansehung der Gefahrtragung wie der Kauf einer anderweit individuell bestimmten Sache zu behandeln, wenn nicht, was in nicht seltenen Fällen zutreffen mag, in concreto die Absicht der Parteien auf ein Absehen von dem Untergange einzelner Stücke oder von deren Beschaffenheit gerichtet ist"; *Erman-Böhle-Stamschräder*, § 446, 8; *Planck-Knoke*, § 446, 2 e; *Staudinger-Ostler*, § 446, 25. Vgl. *Kipp zu Windscheid*, § 390, 4. *Kreß I*, § 19, 1, C, b, Anm. 51.

[31] *Dernburg-Raape*, § 169, V, 1; *Endemann*, § 159 a, 4 a, Anm. 25; *Goldmann-Lilienthal*, § 131, I, 7; *Kisch*, § 8, I, S. 60/61; *Schmitz*, S. 17; *Siber*, § 50, II, 5 c; *Stern*, S. 102; *Schreuer*, § 39, VIII; *Würdinger*, Vorbem. vor § 373, Anm. 9. Vgl. *Oertmann*, § 446, 6 c. Für das *österreichische* Recht s. *Ehrenzweig*, § 364, IV, 1, S. 414; *Klang-Bettelheim*, §§ 1048, 1049, IV; *K. Wolff*, S. 168. Für das ALR vgl. I, 11, § 117.

[32] *Heck*, § 84, 7; vgl. *Fischer-Henle-Titze-David*, § 446, 3.

Sachen. Diese Einheit aber beim „Kauf in Bausch und Bogen" geht grundsätzlich aus dem Parteiwillen hervor; beim Kauf einer Sachgesamtheit ergibt sie sich aus der Verkehrsauffassung. Insoweit machen auch die den Gegenstand eines Kaufes „in Bausch und Bogen" darstellenden Sachen eine Sachgesamtheit aus. Demzufolge erscheint eine gleichmäßige Behandlung der Frage in Ansehung des Gefahrüberganges als angebracht.

Die Meinung derer, die annehmen, es handele sich hier um eine Tatfrage, ist, obwohl im Kern richtig, von geringem praktischen Wert. Der Richter des Einzelfalles kann vielleicht aus dem Parteivorbringen etwas entnehmen; aber für verkehrstypische Fälle — z. B. Kauf eines Warenlagers, einer Bibliothek, eines Haufens von Büchern, wie sie stehen und liegen usw. — kann er nichts anfangen, weil die Parteien sehr selten in bezug auf Fragen der Gefahrtragung, insbesondere im Rahmen des Zivilkaufs, einen Willen ausdrücken[33]. Es liegt also der Wissenschaft ob, aus dem Sinne des Gesetzes unter Berücksichtigung der Interessenlage einen Maßstab für solche typischen Fälle zu entwickeln.

Das Gesagte, daß die Parteien den Kaufgegenstand in seinem jeweiligen Bestand wollen, bedeutet nicht, daß die Parteien ihn immer auch zu demselben, und zwar zum anfänglichen Preis wollen. Obwohl die einzelnen konkreten Sachen an sich vielleicht keine besondere Bedeutung (insbesondere beim Kauf „in Bausch und Bogen") für die Parteien haben, tragen alle diese Sachen trotzdem zu der Bestimmung des gesamten Preises bei. Der Kaufpreis ist nach Treu und Glauben das Ergebnis einer Addition[34]. Eine Verminderung des Kaufgegenstandes ist nur im Rahmen des § 242 annehmbar.

Gegen die Unterscheidung zwischen totalem und teilweisem Untergang sprechen auch zwei sehr wichtige Argumente. a) Die Frage bleibt unlösbar, wenn es sich um einen sukzessiven totalen Untergang (z. B. von den 10 Stücken geht jeden Tag ein Stück unter) handelt; soweit der Käufer die Gefahr der ersten Stücke tragen muß — bis dahin handelt es sich um einen teilweisen Untergang —, kann er dann nachträglich durch den Untergang der letzten übrigen Stücke die Gefahr für das Ganze — weil er letzten Endes nichts bekommt — dem Verkäufer aufbürden? b) Es ist in der Regel nicht empfehlenswert, daß der Käufer ein größeres Interesse an dem totalen als an dem teilweisen Untergang hat.

Die im § 2380 (Erbschaftskauf) bewirkte Ausnahme findet ihre Rechtfertigung[35] in dem Versuch des Gesetzgebers, den Käufer dem Erben

[33] Darum gilt § 446 als ein Ergänzungssatz. S. im allg. *Enneccerus-Nipperdey I*, § 49, III; *Lehmann*, § 4, IV, 4 a.

[34] Dies kann man sehr leicht aus einem Vergleich mit § 508 ersehen: „Hat der Dritte den Gegenstand, auf den sich das Verkaufsrecht bezieht, mit anderen Gegenständen zu einem Gesamtpreis gekauft, *so hat der Verkaufsberechtigte einen verhältnismäßigen Teil des Gesamtpreises zu entrichten* ..."

[35] *Mot. II*, S. 360; *Staudinger-Ferid*, § 2380, I; s. auch oben § 3, III, 2.

gleichzustellen, und als solche kann diese Ausnahme, von ihrer Richtigkeit abgesehen, nicht für den hier gegebenen Fall Geltung finden[36].

Das Gesetz hat hier m. R. keine Auslegungs- oder Ergänzungsrechtssätze aufgestellt[37], weil § 446 ausreicht. Eine Abweichung vom Traditionsprinzip, und zwar völlig oder teilweise zugunsten des Vertragsprinzips, dessen verkehrsfeindliche Bedeutung oben (§ 2, V, 2) dargelegt wurde, entspricht also der Interessenlage nicht. Die Gefahr geht demzufolge nach § 446 auf den Käufer über[38].

2. *Vermögen.* Vermögen nennt man die Gesamtheit von geldwerten Rechten, die einer Person zustehen[39]; das *Sondervermögen* besteht aus einem Inbegriff von Rechten, die von dem übrigen Vermögen einer Person gesondert einem bestimmten Zweck dienen[40]. Ein Recht am Vermögen gibt es nicht[41]. Auch hier fragt es sich, ob die Gefahr, wenn ein Vermögen oder Sondervermögen den Gegenstand eines Kaufvertrages darstellt, mit dem Kaufabschluß[42], oder mit der „Übergabe" einerseits bzw. schon mit dem Eigentums- oder Rechtserwerb der Sachen, zu deren Besitz die entsprechenden Rechte berechtigen (§§ 446, 451 und 446, I, 446, II), andererseits gemäß § 323 — Synallagmatisches Prinzip — für die übrigen Rechte, auf den Käufer übergeht. Jede Annäherung an das Vertragsprinzip ist auch hier wegen seines verkehrsfremden Wesens streng zu vermeiden. Die Gründe, die man für den gesonderten Gefahrübergang in bezug auf Sachgesamtheiten anführen kann, gelten auch für diesen Fall (s. oben § 5, III).

Die Gefahr geht also für die Rechte des § 451 gemäß § 446[43], für die übrigen Rechte nach § 323 (s. oben § 5, II, 2) auf den Käufer über.

3. *Unternehmen.* Das Unternehmen ist eine Summe von Rechten und tatsächlichen Verhältnissen (Reklame, Ruf, Geschäftsgeheimnisse, Kund-

---

[36] Für die Anwendung des § 2380 auf den Kauf in B. u. B. auch *Wismeyer,* S. 72.

[37] *Mot. II,* S. 324.

[38] Die Bestimmung des Wertes der von der „Übergabe" untergegangenen bzw. verschlechterten Gegenstände geschieht in Analogie zu § 508.

[39] Vgl. *Enneccerus-Nipperdey I,* § 131, II; *Lange,* § 32, I, 2 a, *Lehmann,* § 49, I, 2 c.

[40] *Enneccerus-Nipperdey I,* § 132, I; *Lehmann,* § 49, I, 2 c.

[41] *Enneccerus-Nipperdey I,* § 131, IV; *Lange,* § 32, II, 2 d; *Lehmann,* § 49, I, 2 c, *β*.

[42] Für eine Analogie zu § 2380: *BGB-RGRK-Kuhn,* § 446, Anm. 15; *Molitor II,* § 3, IV, 6. Zwischen totalem und teilweisem Untergang unterscheiden: *Crome,* § 313, 3 b; *Otto v. Gierke,* § 192 IV, 5 (der Verkäufer trägt nur die Gefahr des totalen Unterganges des Vermögens).

[43] Für das Eigentumsrecht unmittelbar nach § 446 vgl. oben § 5, II, 1, Anm. 15.

schaft usw.), die eine organisatorische Einheit darstellen[44]; ein Recht am Unternehmen als solches besteht nicht[45].

Auch hier verbindet man mit dem Kaufabschluß einen Gefahrübergang[46].

Das für das Vermögen Gesagte (s. oben § 5, III, 2) gilt auch hier voll und ganz. Wegen der verschiedenartigen Natur der einzelnen Unternehmensgegenstände muß man aber zusätzlich sagen: Die Gefahr der Rechte, die zum Besitz der Sachen berechtigen, geht nach § 451 (in Verb. mit § 446)[47] auf den Käufer über. Der Gefahrübergang für die übrigen Rechte vollzieht sich nach § 323. In Ansehung der anderen Verhältnisse geht die Gefahr mit der Verschaffung einer Verfügungsgewalt über sie auf den Käufer über (vgl. unten § 5, III, 4); kommt eine solche nicht in Frage, dann mit dem Kaufabschluß.

4. *Gefahrübergang mit Verschaffung einer Verfügungsgewalt.* § 446 findet analoge Anwendung, wobei es sich um einen Kauf von Gegenständen, die weder Sachen noch Rechte sind, handelt, unter der Voraussetzung, daß eine Verfügungsgewalt durch einen der Übergabe entsprechenden Vorgang begründet werden kann[48]. Die Gefahr geht also mit Verschaffung dieser Verfügungsgewalt auf den Käufer über.

5. *Arzt- und Anwaltpraxiskauf.* Hier fehlt es sowohl an einem Verschaffungs- als auch an einem Vollzugsakt wie z. B. der Übergabe[49]. Der Verkäufer verpflichtet sich zum Unterlassen eines Wettbewerbs oder zu Empfehlungen; aber diese Nebenleistungen rechtfertigen, soweit sie ein dauerndes Verhalten des Verkäufers voraussetzen, eine Verschiebung des Zeitpunktes des Gefahrüberganges zu Lasten des Verkäufers nicht. Mit dem Kaufabschluß geht also die Gefahr der zufälligen Verschlechterung der Praxis auf den Käufer über.

---

[44] *Eichler I,* S. 63/64; *Enneccerus-Nipperdey I,* § 133, I. Beim Kauf sämtlicher Aktien liegt wirtschaftlich ein Unternehmenskauf vor (s. auch *Esser,* § 101, 1; vgl. *RGZ* 120, 283 und *Larenz II,* § 41, I, S. 99).

[45] *Eichler I,* S. 64; *Enneccerus-Nipperdey I,* § 133, III.

[46] Analogie des § 2380: *BGB-RGRK-Kuhn,* § 446, Anm. 15. Übergang der Gefahr der einzelnen Vermögensgegenstände mit dem Kaufabschluß: *Otto v. Gierke,* § 192, IV, 5.

[47] In bezug auf das Eigentumsrecht s. oben Anm. 43.

[48] *Erman-Böhle-Stamschräder,* § 446, 1; *Palandt-Gramm,* § 446, 1; *Staudinger-Ostler,* § 446, 6; vgl. auch *Oertmann,* § 446, 1 d.

[49] *Enneccerus-Lehmann,* § 101, II, 5.

§ 6

ART DER GEFAHR

Wir haben schon (s. § 3) festgestellt, daß der Gefahrübergang sich auf einen zufälligen Untergang bzw. auf eine zufällige Verschlechterung der Kaufsache bezieht. Diese Begriffe müssen eingehender bestimmt werden.

I. Zufall

Zufällig ist der Untergang (bzw. die Verschlechterung), wenn ihn kein Teil zu vertreten hat[1]. Der Untergang bzw. die Verschlechterung sind also auch zufällig, wenn sie auf einer leichten Fahrlässigkeit des Verkäufers während des Annahmeverzuges beruhen (§§ 300, I, 324, II)[2] (vgl. oben § 4, IV, 2).

II. Zeitpunkt des Unterganges bzw. der Verschlechterung

Voraussetzung des Gefahrüberganges (s. auch oben § 3, I, 1; § 3, II, 1) ist, daß sowohl der Untergang als auch die Verschlechterung nach dem Zeitpunkt der Übergabe (bzw. des Eigentumserwerbs § 446, II) entstehen. Dies aber besagt nicht, daß ein im Keime schon im Zeitpunkt der Übergabe (bzw. des Eigentumserwerbs) vorhandener Fehler, vermöge dessen der Untergang oder die Verschlechterung später verwirklicht wurden, den Gefahrübergang nicht verhindern kann[3]. Dieser Untergang bzw. diese Verschlechterung sind die Folge dieses Fehlers, der nicht der Einwirkungssphäre des Käufers angehört. Dagegen hindert ein nur vorläufiger Mangel den Gefahrübergang nicht[4].

---

[1] *BGB-RGRK-Kuhn,* § 446, Anm. 2; *Klasen,* S. 11; *Leonhard II,* § 13, S. 26; *Planck-Knoke,* § 446, 2 a, ε; *Staudinger-Ostler,* § 446, 8; *Stern,* S. 6; *Wetzmüller,* S. 9; *Würdinger,* Vorbem. vor § 373, Anm. 78. *Gasis,* Art. 522, 26. S. auch *Lehmann,* § 42, I, 2. Vgl. *Enneccerus-Nipperdey II,* § 218, IV, Anm. 17. *Contra Adler,* S. 390: „‚Zufällig' heißt in Übereinstimmung mit dem alten Gebrauch der Rechtssprache ‚unverschuldet', hier (§ 446) genauer: ‚von Verkäufer *nicht verschuldet*'"; vgl. *Wirtz,* S. 15.

[2] Ebenso hier *Adler,* S. 422; *Lehmann,* § 42, I, 2; *Kipp zu Windscheid,* § 390, 3.

[3] So m. R. *BGB-RGRK-Kuhn,* § 446, Anm. 9 anders in Anm. 14; *Boettge,* S. 41, Anm. 84; *Künzli,* S. 16; *Staudinger-Ostler,* § 446, 10. *RG* 6. 12. 1905 V 210/1905. *Gasis,* Art. 522, 26. *Almén-Neubecker II,* § 44, S. 63. Vgl. *Palandt-Gramm,* § 446, 2; *Schubert,* § 15, 3.

[4] *BGB-RGRK-Kuhn,* § 446, 8 im Anschluß an *RG* 9, 3, 22, V, 395/1921.

III. Untergang und Verschlechterung

Ob man unter „Untergang“ und „Verschlechterung“ eine körperliche[5] Veränderung, die den wirtschaftlichen Wert der Sache betrifft, oder auch andere nach der Verkehrsauffassung gleichstehende Veränderungen der Sache[6] verstehen muß, ist strittig. Die Lösung folgt aus dem Sinn des Gefahrüberganges (s. oben, § 3, I, 2; § 3, II, 2) und seiner auf der Interessenlage beruhenden Rechtfertigung (s. oben § 2, V, 1).

1. *Untergang.* Eine Sache geht unter, nicht nur wenn sie körperlich zerstört wird[7], sondern auch wenn sie aus dem Verkehr unwiederbringlich entzogen ist[8]. Es ist eine allzu engherzige und lebensfremde Auslegung, wenn man als Untergang nur eine körperliche Zerstörung der Kaufsache ansieht. Die Tatsache, daß der Gesetzgeber die Übergabe (bzw. den vorangegangenen Eigentumserwerb) als entscheidenden Zeitpunkt für den Gefahrübergang festgelegt hat, beruht hauptsächlich auf dem Gedanken, daß bis dahin der Verkäufer ein genügendes Opfer mit seinen oben erwähnten Erfüllungshandlungen erbracht hat[9]. Ob die Erfüllung der

---

[5] So z. B. *Adenauer*, S. 1, Anm. 4; *BGB-RGRK-Kuhn*, § 446, Anm. 5; *Boettge*, S. 40; *Endemann*, § 159 a, 4 a; *Palleske*, S. 1; *Planck-Knoke*, § 446, 2 a, δ; *Vollmer*, S. 2, Anm. 6. *Apostolidis*, Art. 522, 3, S. 121; *Kaukas*, Art. 522, § 5, S. 96; *Papanikolau*, Art. 522, § 48, 1. Vgl. *Gasis*, Art. 522, 25. *Klang-Bettelheim*, §§ 1048, 1049, III, 1, s. aber auch § 1064, II, S. 1064 ABGB.

[6] So z. B. *Achilles-Greiff-Brüggemann*, § 446, 2; *Cosack-Mitteis*, § 183, 6, II; *Crome*, § 213, S. 414; *Dernburg-Raape*, § 174, VIII; *Erman-Böhle-Stamschräder*, § 446, 4; *Heck*, § 84, 2; *Larenz II*, § 38, II a, S. 61; *Oertmann*, § 446, 2; *Palandt-Gramm*, § 446, 2; *Rabel II*, § 112, 1, S. 304; *Schlegelberger*, D, § 12; *Staudinger-Ostler*, § 446, 10; *Wirtz*, S. 50; *RGZ* 114, 405 ff. *JZ* 1950, 205; *OGH* 1, S. 116. *Almén I*, § 17, S. 200. Vgl. auch *Bettermann*, S. 106; *Kohler*, § 93, IV; *Soergel-Ballerstedt*, § 446, 4. *Gasis*, Art. 522, 25. *Rubino*, Nr. 149, d; vgl. auch Nr. 150, a, S. 452.

[7] Dies geschieht auch bei Grundstücken, z. B. durch Überschwemmung, Bergrutsch usw. (*Dernburg-Raape*, § 174, VIII; *Endemann*, § 159 a, 5 b, Anm. 45; *Künzli*, S. 19). Der Untergang des Grundstücks kann aber auch in anderen Fällen geschehen, wenn nämlich eine Veränderung des Grundstücks nach der Parteiabsicht als Untergang betrachtet wird, z. B. Abbrennen des Gebäudes (so m. R. *Crome*, § 213, S. 415 und Anm. 3; *Dernburg-Raape*, § 174, VIII; *Contra Endemann*, § 159 a, 5 b).

[8] *Erman-Böhle-Stamschräder*, § 446, 4; *Staudinger-Ostler*, § 446, 10; OGH 1, S. 116; vgl. *Soergel-Ballerstedt*, § 446, 4.

[9] Es ist also *Würdinger*, Vorbem. vor § 373, Anm. 78 b nicht zuzustimmen, der sagt: „so liegt die Annahme nahe, daß solche Tatbestände einer Unmöglichkeit, die auch ohne Übergabe eingetreten wären, mit ihr also in keinem Zusammenhang stehen (z. B. generelle Beschagnahme oder generelles Veräußerungsverbot in bezug auf alle soche Waren), vom § 446, Abs. 1 BGB nicht betroffen werden“. Wenn diese Meinung richtig wäre, dann müßte man annehmen, daß immer, wenn es sicher wäre, daß die Sache auch beim Verkäufer untergehen würde, der Käufer die Gefahr nicht tragen müßte. Eine solche Folgerung kann

anderen Pflichten des Verkäufers wegen des körperlichen Unterganges oder anderer nach der Verkehrsauffassung gleichwertiger Tatbestände nicht erfolgt ist, muß bei richtiger Bewertung der Interessenlage gleichgültig sein; anderenfalls wäre unser Recht allzu handgreiflich, allzu unelastisch. Man darf aber den Begriff des nicht körperlichen Unterganges nicht überschätzen; der nicht körperliche Untergang besteht nur aus Ausnahmefällen, durch die man zu sach- und verkehrsgerechten Lösungen gelangt. Man kann sagen, daß diese Fälle denen des körperlichen Unterganges analog nachgebildet sind. Von dem Fall des körperlichen Unterganges abgesehen, müssen wir also folgende Fälle besonders hervorheben:

a) Die Entziehung der Sache durch einen Dritten[10], wie z. B. bei Diebstahl oder Unterschlagung[11], stellt immer einen Untergang dar.

b) Die Beschlagnahme durch Feind- oder Besatzungsmacht ist immer dem Untergang gleichzusetzen, soweit die Sache als außer dem Verkehr befindlich erscheint[12].

c) Eine behördliche Beschlagnahme muß ebenfalls dem Untergang gleichgestellt werden mit Ausnahme des Falles, wo die sie rechtfertigenden Umstände bereits im Zeitpunkt des Gefahrüberganges begründet waren[13].

d) Eine Pfändung der übergebenen, aber noch nicht übereigneten Sache kraft eines vollstreckbaren Titels gegen den Verkäufer-Eigentümer

---

aber aus § 446 nicht gezogen werden. Hier stimmt auch *Würdinger* a. a. O. zu. Die unterschiedliche Behandlung der Frage bei ihm läßt sich nicht rechtfertigen. Der Gefahrübergang gemäß § 446 ist die Folge der Erfüllung eines wichtigen Teils (Übergabe bzw. Eigentumsverschaffung) der Verkäuferpflichten.

[10] *Achilles-Greiff-Brüggemann,* § 446, 2; *Cosack-Mitteis,* § 183, 6, II; *Palandt-Gramm,* § 446, 2; *Rabel II,* § 112, 1, S. 304; *Schlegelberger,* D. § 12; *Staudinger-Ostler,* § 446, 10. *Contra BGB-RGRK-Kuhn,* § 446, Anm. 9 im Anschluß an *RG* 3. 11. 20, V, 157/1920.

[11] *Cosack-Mitteis,* § 183, 6, II. *Gasis,* Art. 522, 25.

[12] *Erman-Böhle-Stamschräder,* § 446, 4; *Rabel II,* § 112, 2 c; *Soergel-Ballerstedt,* § 446, 4; *Staudinger-Ostler,* § 446, 10; *Wirtz,* S. 50; *RGZ,* 114, 405. Die Frage hat die Rechtsprechung in bezug auf § 447 beschäftigt.

[13] *Achilles-Greiff-Brüggemann,* § 446, 2; *Beitzke,* S. 281; *Palandt-Gramm,* § 446, 2; *Rabel II,* § 112, 2 a. *Almén I,* § 17, S. 200. Vgl. auch *H. Lange,* Lehrbuch des Erbrechts (1962), 47, III, 3, b, Anm. 4; *Soergel-Ballerstedt,* § 446, 4. Vgl. *Rubino,* Nr. 150, a, S. 452. *Contra* die herrschende Meinung (s. z. B. *Schubert,* § 15, 2; *Staudinger-Ostler,* § 446, 7; *Wirtz,* S. 51; *Würdinger,* Vorbem. vor § 373, Anm. 78 b. *Gasis,* Art. 522, 27). Das österreichische ABGB hebt mit Recht im § 1048 den Fall hervor, daß die Sache *„durch Verbot außer Verkehr gesetzt wird"*. S. auch *Rabel II,* § 112, 2 c.

kann selbstverständlich nicht als Untergang der Sache erscheinen, weil der Grund der Pfändung in dem Rechtskreise des Verkäufers liegt[14].

2. *Verschlechterung.* Verschlechterung ist nicht nur eine bloße körperliche Veränderung der Kaufsache, sondern jede Veränderung, die nach dem Parteiwillen einen bedeutsamen Einfluß auf den Wert der Sache ausüben kann[15]. Diese Verschlechterung kann sowohl körperlich als auch nicht körperlich sein[16]. Was wir oben (§ 6, III, 1) für den Untergang in dieser Frage gesagt haben, gilt auch hier. Zur Veranschaulichung des Problems heben wir einige Fälle hervor:

a) Der Verlust von Gerechtsamen stellt eine Verschlechterung dar[17].

b) Die Auferlegung öffentlichrechtlicher Lasten wird, wenn sie außergewöhnlich sind, nach § 446, I, 2 beurteilt. Sie wird also im Ergebnis als eine Verschlechterung behandelt[18].

c) Eine Wertminderung der Sache insbesondere eines Grundstückes stellt keine Verschlechterung dar[19], wenn seine wirtschaftliche Lage, die keinen Vertragsinhalt darstellte, durch Zufall verändert wurde. Ebensowenig eine Wertminderung wegen Preissturzes[20]; in diesem Falle kann u. U. § 242 eingreifen.

IV. Beweislast des Unterganges und der Verschlechterung

Die Frage, wen die Beweislast bei zufälligem Untergang oder zufälliger Verschlechterung der Kaufsache trifft, ist nach den allgemeinen Prinzipien der Beweislastverteilung zu beurteilen[21]: Derjenigen Person liegt die Beweislast ob, der der zufällige Untergang oder die zufällige Verschlechte-

---

[14] *Wirtz,* S. 51. Sie ist das Ergebnis der Nichtbezahlung einer Schuld des Verkäufers und daher beruht sie regelmäßig auf seinem Verschulden. Hier greift also § *324, I* ein. Anders ist es, wenn dem Verkäufer hinsichtlich der Pfändung kein Verschulden trifft (Vgl. *Wirtz,* S. 51.). In diesem Fall geht die Gefahr auf den Käufer über; seine Rechte aus einer eventuellen Rechtsmängelhaftung des Verkäufers bleiben ihm aber unberührt (s. oben § 3, I, 2, a, α).

[15] *BGB-RGRK-Kuhn,* § 446, Anm. 4; *Crome,* § 213, S. 415; *Oertmann,* § 446, 2. Vgl. auch *Adenauer,* S. 1, Anm. 4. Stürzt z. B. ein Baum des verkauften Obstgartens um, so liegt keine Verschlechterung vor.

[16] *Dernburg-Raape,* § 174, VIII; *contra Endemann,* § 159 a, 4 a und Anm. 26.

[17] So m. R. *Dernburg-Raape,* § 174, VIII. *Contra Endemann,* § 159 a, 4 a, Anm. 26.

[18] Insoweit stimmen wir *Dernburg-Raape,* § 174, VIII im Ergebnis zu.

[19] Z. B. Der anliegende Bahnhof wurde infolge einer Veränderung des Fahrplans verlegt (So auch *Dernburg-Raape,* § 174, VIII; *Endemann,* § 159 a, 4 a).

[20] *Klang-Bettelheim,* §§ 1048, 1049, III, 1. Vgl. *Rubino,* Nr. 150, a, S. 452.

[21] *Papanikolau,* Art. 522, § 48, 4.

rung zustatten kommt[22]. Diese Person ist in der Regel der Verkäufer[23], soweit es sich um den Untergang handelt. Dasselbe muß auch für den Verschlechterungsgefahrübergang mit Eigentumserwerb (§ 446, II) gelten. Anders ist es aber bei Verschlechterungsgefahrübergang mit Übergabe: dieser richtet sich, soweit er keine Abweichung von den allgemeinen Grundsätzen des § 323 darstellt (s. oben § 3, I. 2b), nach den für die synallagmatischen Verträge geltenden Prinzipien.

---

[22] Vgl. *Rosenberg*, § 114, III, 2. *Schubert*, § 41, 2 b. *Papanikolau*, Art. 522, § 48, 4. *Rammos*, Grundriß des griechischen Zivilprozeßrechts (auf Griechisch), Bd. I, 3. Aufl. (1955), § 168, II.

[23] *Contra Staudinger-Ostler*, § 446, 10. Zum besseren Verständnis diene das folgende Beispiel: Der Verkäufer (V) erhebt eine Klage gegen den Käufer (K) und verlangt den Kaufpreis gemäß § 433, II. K beruft sich auf § 320, I. V wendet ein, daß er die Sache übergeben hat. K antwortet, daß der Verkäufer gemäß § 433, I, 1 nicht nur zur Übergabe, sondern auch zur Rechtsverschaffung verpflichtet ist. V beruft sich auf § 446, I, 1. Es versteht sich, daß jede Partei die zur Stützung ihrer Behauptungen erforderlichen Tatsachen beweisen muß. Demzufolge muß auch V, der durch den Untergang der Kaufsache von seiner Eigentumsverschaffungspflicht ohne Verlust seines Kaufpreisanspruchs befreit wurde, die tatsächlichen Voraussetzunen dieses zu seinen Gunsten geltenden § 446, I, 1 beweisen. Dasselbe kann man mutatis mutandis in bezug auf den Gefahrübergang mit Eigentumserwerb (§ 446, II) sagen.

§ 7

DIE ÜBERGABE UND IHRE SURROGATE

Wie wir schon gesehen haben, geht die Gefahr mit der „Übergabe" der Kaufsache gemäß § 446 auf den Käufer über. Es ist zunächst klarzustellen, was das Gesetz unter dem Wort „Übergabe" versteht, und insbesondere, wann auch die nach den §§ 929, II, 930, 931 zur Eigentumsverschaffung genügenden Akte den Gefahrübergang herbeiführen können.

I. „Übergabe"

Was man unter dem Begriff „Übergabe" im Rahmen des § 446 zu verstehen hat, ist äußerst bestritten.

1. Wir unterscheiden folgende Meinungen:

1. Die wohl herrschende Meinung[1] versteht unter „Übergabe" ein rein körperliches Geben und Nehmen[2].

2. Eine andere[3] sehr verwandte Auffassung erweitert die erste Meinung etwas und schließt in das körperliche Geben und Nehmen auch die brevi manu traditio (§ 929, 2) ein.

---

[1] *BGB-RGRK-Kuhn,* § 446, Anm. 12; *Boettge,* S. 55; *Dernburg-Raape,* § 174, III; *Endemann,* § 159 a, 5 a, 2; *Enneccerus-Lehmann,* § 103, II, 1; *Krahmer,* S. 127 und Anm. 34; *Künzli,* S. 13; *Loewenwarter,* § 446, *Leonhard II,* § 8, S. 19; *Molitor II,* § 3, IV, 2; *Palandt-Gramm,* § 446, 3; *Palleske,* S. 2; *Schmitz,* S. 8; *Schubert,* § 15, 3; *Soergel-Ballerstedt,* § 446, 5; *Stern,* S. 61, der aber in S. 68 mit seiner in *S. 61* geäußerten Meinung in bezug auf die br. m. tr. in Widerspruch steht; *Wismeyer,* S. 54; der zu Unrecht die „Verschaffung des unmittelbaren *Eigen*besitzes" unter „Übergabe" verstehen will, indem er zugleich (S. 72) beim Kauf unter Eigentumsvorbehalt, bei dem der Käufer nur einen Fremdbesitz erwirbt (so *Boettge,* S. 46; *Westermann,* § 18, 5; *Wolff-Raiser,* § 8, I, b; *RG* 95, 107; vgl. *Larenz II,* § 39, II b, S. 71 Anm. 3; *contra Palleske,* S. 83; *Raiser,* Dingliche Anwartschaft 1961, S. 74), die Gefahr mit der Übergabe der Kaufsache auf den Käufer übergehen läßt; *Würdinger,* Vorbem. vor § 373, Anm. 78 b. *Apostolidis,* Art. 522, 4 a.

[2] Vgl. auch *Westermann,* § 13, II, 2; *Wolff-Raiser,* § 11, I.

[3] *Erman-Böhle-Stamschräder,* § 446, 2 b; *Otto v. Gierke,* § 192, IV, 2 und Anm. 74; *Matthiaß,* § 109, I; *Planck-Knoke,* § 446, 2, b, α; *Staudinger-Ostler,* § 446, 11. *Papanikolau,* Art. 522, § 49, 3.

3. Eine dritte Meinung[4] sieht in dem Ausdruck „Übergabe" jede Besitzverschaffung, also sowohl den abgeleiteten Erwerb des unmittelbaren Besitzes, wie auch den des mittelbaren.

4. Eine vierte Ansicht[5] will unter „Übergabe" nicht nur die brevi manu traditio, sondern auch das Besitzkonstitut (§ 930) subsumieren.

5. Nach einer fünften Auffassung[6] müssen wir unter „Übergabe" sämtliche Akte, die den Eigentumsübergang verwirklichen (§§ 929, 930, 931), verstehen.

6. Endlich sieht man[7] als „Übergabe" „die Vornahme sämtlicher zur Erfüllung seiner (des Verkäufers) Übergabepflicht erforderlichen Handlungen" an.

2. Gegen die zweite Meinung kann man einwenden, daß die brevi manu traditio keine Übergabe im Rechtssinne darstellt. Richtiger Meinung nach hat der Gesetzgeber aus Vereinfachungsgründen im § 929, 2 auf die „Übergabe" verzichtet[8]. Dies bestätigt nicht nur der Wortlaut des § 929, 2 („so *genügt* die Einigung"), sondern auch § 932, I, 2, der die Folgen des gutgläubigen Erwerbs durch „Übergabe" (§§ 929, 1, 932, I, 1) zuungunsten des durch brevi manu traditio Erwerbenden beschränkt[9].

Daß die dritte Meinung nicht richtig sein kann, ergibt sich aus § 870, wo von einer Übertragung des mittelbaren Besitzes die Rede ist[10]. § 870 spricht nicht von „Übergabe", sondern von „Übertragung" des mittelbaren Besitzes durch „Abtretung des Herausgabeanspruchs"[11]. Gegen die

---

[4] *Goldmann-Lilienthal*, § 131, I, 1. Vgl. auch *Adler*, S. 400. Possessorisch im Sinne der Art. 976, § 2, 977, 978 Gr. BGB betrachtet sie auch *Kaukas*, Art. 522, § 6; *Zepos II*, § 3, IV, 1, S. 71.

[5] *Kisch*, § 8, 11, 1 a; *Schollmeyer*, I, IV, S. 18. Für das *österreichische* Recht: *Klang-Bettelheim*, § 1051, I. Für das *griechische* Recht: *Arios Pagos*, 542/1949; *Themis* ≡ A (1950), S. 56.

[6] *Crome*, § 213, 1 a; *Martinius*, S. 54, obwohl er keine Eigentumsverschaffung für den Gefahrübergang fordert (S. 53); *Titze*, Unmögl. S. 256.

[7] *Emmanuel*, S. 63.

[8] *Baur*, § 51, IV, 1; *Julius v. Gierke*, § 31, III; *Goldmann-Lilienthal*, § 131, I, 1, Anm. 2, S. 480, im Widerspruch mit ihrer obigen Ansicht (s. oben, Anm. 4); *Hedemann* (S), § 21, III, a; *Lent*, § 29, III; *Westermann*, § 39, V; *Wolff-Raiser*, § 66, II. Vgl. auch *Palleske*, S. 2 ff., der nur, wenn der Erwerber den Besitz vom Veräußerer erlangt hatte, eine „Übergabe" im Rahmen des § 929, 2 annimmt (S. 4).

[9] So richtig *Palleske*, S. 3. Durch die Beschränkung des § 932, I, 2 wird das durch die „Übergabe" begründete Rechtsscheinsprinzip geschützt. S. *Lent*, § 30, IV, 20; *Westermann*, § 47, I, 2; *Wolff-Raiser*, § 69, II, 2 b.

[10] So richtig *Palleske*, S. 7.

[11] *Baur*, § 7, III, 2 b; *Lent*, § 5, V; *Westermann*, § 19, III, 2; *Wolff-Raiser*, § 14, II, insbes. 2; vgl. auch § 931.

vierte Meinung sprechen zumindest im deutschen Recht dieselben Argumente, die gegen die zweite und fünfte angeführt werden können und man kann noch zusätzlich einwenden, daß sie ohne triftigen Grund zwischen Besitzkonstitut und Abtretung des Herausgabeanspruchs unterscheidet, sofern die letztere u. U. auch den mittelbaren Besitz verschafft.

Die fünfte Ansicht steht nicht mit dem Wortlaut des Gesetzes im Einklang. Sowohl § 950 als auch § 931[12] sehen im Besitzkonstitut bzw. in der Abtretung des Herausgabeanspruchs einen Übergabeersatz („so kann die Übergabe dadurch ersetzt werden")[13]. Es ist eine ganz andere Frage, ob infolge analoger Anwendung des § 446 auch u. U. gemäß §§ 929, 2, 930, 931 die Gefahr auf den Käufer übergehen soll[14]. Wegen einer solchen eventuellen Anwendung dürfen wir den klaren Begriff der „Übergabe" nicht modifizieren (näheres s. unten § 7, III—VI).

Die sechste Auffassung enthält eine Tautologie und kann daher die Lösung der Frage nicht fördern.

Aus diesen Überlegungen treten wir für die erste Meinung ein, die auch mehr dem Sprachgebrauch des BGB entspricht[15]; „Übergabe" heißt also körperliches Geben und Nehmen der Kaufsache.

II.

Der oben erwähnte Begriff der „Übergabe" gilt sowohl für bewegliche Sachen (§ 446, I, 1) wie auch für Grundstücke (§ 446, II). Dies übersieht die Anschauung[16], die zur Herbeiführung des Gefahrenüberganges bei bewegliche Sachen auch Eigentumsverschaffung fordert. Es ist kaum denkbar, daß der Begriff „Übergabe" im Rahmen des § 446 zwei ganz verschiedene Bedeutungen haben soll[17]; denn § 443, I und § 446, II unterscheiden scharf zwischen „Übergabe" und „Eigentumsverschaffung".

III. Brevi manu traditio (§ 929, 2)

Wir haben oben festgestellt (§ 7, I, 2, Anm. 8), daß die brevi manu traditio keine „Übergabe" darstellt, daß das Eigentum an beweglichen Sachen gemäß § 929, 2 vielmehr durch bloße Einigung auf den Erwerber

---

[12] § 929, 2 hat, wie wir schon gesehen haben (§ 7, I, 2, Anm. 8), auf eine „Übergabe" verzichtet.

[13] *Baur,* § 51, I, 2 b; § 51, VI, 1; *Lent,* § 29, IV, vgl. § 29, VII; *Leonhard II,* 9, S. 21; *Oertmann,* § 446, 1 a; *Palleske,* S. 34 ff.; *Westermann,* § 40, V; § 40, VI; *Wolff-Raiser,* § 67, I, 2; § 67, II.

[14] *Palleske,* S. 34, der übrigens gegen eine Analogie Stellung nimmt.

[15] *Palleske,* S. 2.

[16] *Kreß I,* § 19, 1, C, b; *Reineke,* S. 36. Vgl. *Titze,* § 41, 3 a; *Unmögl.* S. 256, Anm. 3.

[17] S. oben § 3, I, 1, Anm. 5, Fall 2.

übergeht. Es fragt sich zunächst, ob wir § 446 auch in bezug auf die br. m. tr. analog anwenden dürfen. Bei Beantwortung dieser Frage muß der Interessenlage Rechnung getragen werden.

1. *Bewegliche Sachen.* Die Frage hat keine besondere Bedeutung für die oben (§ 7, I, 1) Ziff. 2—5 angeführten Meinungen. Die Gefahr geht nach diesen Meinungen auf den Käufer über, weil die br. m. tr. „Übergabe" ist (Mein. 2 + 4), weil der Käufer Besitzer bleibt (Mein. 3), weil sie Eigentum verschafft (Mein. 5).

Die meisten Schriftsteller der h. M. treten ausdrücklich[18] für den Gefahrübergang durch br. m. tr. ein.

Eine genauere Betrachtung der Interessenlage bei der br. m. tr. ergibt, daß die tatsächliche Lage des Käufers sich nicht von der tatsächlichen Lage des Käufers bei einer „Übergabe" unterscheidet. Sofern wir die „Übergabe" als Verschaffung des unmittelbaren Besitzes betrachten, ist dieser erstrebte Erfolg auch bei der br. m. tr. eingetreten. Der Käufer war unmittelbarer Besitzer, er bleibt es auch jetzt[19]. Die den Gefahrübergang durch „Übergabe" rechtfertigenden Argumente, nämlich die damit verbundene Überwachungs- (Sphärentheorie)[19a] und Nutzungs- (wirtschaftlicher Übergang) möglichkeit[19b], lassen sich auch hier in vollem Umfang anführen.

Eine analoge Anwendung des § 446, I, 1 auch im Falle der brevi manu traditio erscheint also als völlig gerechtfertigt[19c].

---

[18] *Boettge,* S. 57; *Krahmer,* S. 127; *Palleske,* S. 57/58, soweit der Käufer den Besitz vom Verkäufer erlangt hatte; *Stern,* S. 62; *Wismeyer,* S. 54; *Würdinger,* Vorbem. vor § 373, Anm. 78 b.

[19] *Boettge,* S. 57. Die von *Palleske* (S. 57/58) herbeigeführte Unterscheidung zwischen dem Fall, wo der Käufer den unmittelbaren Besitz vom Veräußerer (Verkäufer) erlangt hatte, und dem, wo es nicht geschah, halten wir für unberechtigt. Die im § 932, I, 2 erfolgende unterschiedliche Behandlung des Erwerbers, der nicht vom Veräußerer den unmittelbaren Besitz erlangt hatte, bezieht sich nur auf seine Rechtslage Dritten gegenüber hinsichtlich seines gutgläubigen Eigentumserwerbs. Sie ist die selbstverständliche Folge des Rechtsscheinsprinzips (s. oben § 7, I, 2, Anm. 9), dessen Voraussetzungen hier fehlen. Eine solche unterschiedliche Behandlung im Hinblick auf die tatsächlichen Folgen der „Übergabe", nämlich auf diejenigen der Verschaffung des unmittelbaren Besitzes, kann aber nicht stichhaltig sein. Der Käufer wollte dem Verkäufer gegenüber als Besitzer gelten und als solcher gilt er durch die br. m. tr. Die Tatsache, daß er durch die br. m. tr. eventuell kein Eigentum wegen § 932, I, 2 erlangt hat, betrifft nur die Frage nach dem Verhältnis zwischen Gefahrtragung und Rechtsmängeln (s. oben § 3, I, 2; II, 2) und nicht den Gefahrübergang durch „Übergabe", die, wie wir mehrmals betont haben, die Gefahr unabhängig von einer Eigentumsverschaffung auf den Käufer übergehen läßt.

[19a] *Boettge,* S. 57.

[19b] *Otto v. Gierke,* § 192, IV, 2, Anm. 74.

[19c] *Boettge,* S. 57/58.

2. *Grundstücke.* Hier entsteht das Problem, ob auch für Grundstücke, für die § 929, 2 nicht gilt, eine br. m. tr. anstatt der nach § 446, II erforderlichen „Übergabe“ zur Herbeiführung des Gefahrüberganges genügt. Diese Frage wird meist ausdrücklich[20] bejaht. Die Gründe, die wir für die Bejahung der Frage in bezug auf die beweglichen Sachen angeführt haben, gelten auch hier. Soweit das Gesetz im § 446, II in Anbetracht des Gefahrüberganges bei Grundstücken auch auf der „Übergabe“, unabhängig von einer Eigentumsverschaffung, besteht, muß man, wenn der durch „Übergabe“ bezweckte Erfolg, nämlich die Überwachungs- und Nutzungsmöglichkeit, gegeben ist, die Wirkungen des § 446, II auch für die br. m. tr. annehmen.

Die Gefahr geht also auch hier in Analogie zu § 446, II durch die br. m. tr. auf den Käufer über.

IV. Besitzverschaffung nach § 854, II

Wenn der unmittelbare Besitz durch bloße Vereinbarung gemäß § 854, II[21] auf den Käufer übergegangen ist, sprechen triftige Gründe für eine analoge Anwendung des § 446 sowohl für bewegliche Sachen als auch für Grundstücke[22]. Auch hier tritt mit der Übertragung des unmittelbaren Besitzes die Kaufsache in den Überwachungs- und Nutzungsbereich des Käufers ein. Der Verkäufer hat auf seinen Besitz verzichtet. Die mit der „Übergabe“ verfolgten Zwecke treten auch hier hervor. Die Gefahr geht demzufolge in Analogie zu § 446 auf den Käufer über.

V. Besitzkonstitut

Sehr streitig ist, ob ein Besitzkonstitut, das keine „Übergabe“ darstellt, zum Gefahrübergang gemäß § 446 genügt. Für die Theorie (s. oben § 7 I, 1 „3—5“), die das Besitzkonstitut unter den Begriff „Übergabe“ subsumiert, weil es entweder mittelbaren Besitz[23] auf den Käufer über-

---

[20] *Martinius,* S. 55; *Stern,* S. 68; vgl. auch *Palleske,* S. 63, der nur, wenn der Käufer den unmittelbaren Besitz vom Verkäufer erlangt hatte, einen Gefahrübergang annimmt (s. auch den § 7, III, Anm. 19).

[21] *Baur,* § 7, B, II, 2 c; *Julius von Gierke,* § 7, II, 2; *Lent,* § 3, VI; *Palleske,* S. 35; *Westermann,* § 13, III; *Wolff-Raiser,* § 11, II und III; vgl. *Hedemann* (S), § 7, IVa; contra *Boettge,* S. 56; *Eichler II/1,* S. 101, Anm. 32; *Stern,* S. 68, der auch hier eine „Übergabe“ annimmt.

[22] Für die letzteren tritt ausdrücklich *Stern,* S. 68 ein, der nicht nur in § 854, II eine „Übergabe“ (s. vor. Anm.) sieht, sondern auch in der Auflassung eine stillschweigende; jedenfalls will er mit einer vertragsmäßigen Übertragung die Gefahr auf den Käufer übergehen lassen. Vgl. aber auch *Palleske,* S. 35.

[23] *Goldmann-Lilienthal,* § 131, I, 1, Anm. 2; *Kisch,* § 8, II, 1a, auch für Grundstücke; *Schollmeyer,* I, IV, S. 18. Für das *österreichische* Recht: *Klang-Bettelheim,* § 151, I. Für das *griechische* Recht: *Zepos II,* § 3, V, 1, S. 71; *Kaukas,* Art. 522, § 6; *Arios Pagos,* 542/1949, *Themis* ≡ A (1950), S. 56.

gehen läßt, oder weil es die Eigentumsübertragung[24] herbeiführt, ist die Bejahung der Frage selbstverständlich. Für die übrigen Meinungen (§ 7, I, 1 „1—2") hat die Frage besondere Bedeutung und zwar in bezug auf die Möglichkeit eines Gefahrüberganges und seiner eventuellen Rechtfertigung. Es erscheint der Klarheit halber zweckmäßig, die Frage getrennt für bewegliche Sachen und für Grundstücke zu behandeln.

1. *Bewegliche Sachen.* Es gibt vier Hauptmeinungen.

1) Die *erste* Meinung[25] sieht das Besitzkonstitut als für den Gefahrübergang hinreichend an. Allerdings nehmen einige Vertreter dieser Ansicht ausdrücklich[26] an, daß das Problem der Gefahrtragung weiter in dem vereinbarten besonderen Rechtsverhältnis (Miete, Leihe usw.) (§ 930) geregelt werden muß.

2) Die *zweite* Meinung[27] nimmt an, daß ein Besitzkonstitut nur dann genügt, wenn nach dem Inhalt des Vertrages ein solches als vollständige Erfüllung gilt.

3) Die *dritte* Meinung[28] geht — weiter noch als die zweite — dahin, daß eine vollständige Erfüllung nach dem Parteiwillen beim Besitzkonstitut immer zu unterstellen ist.

---

[24] *Crome,* § 213, 1 a; *Titze,* § 41, 3 a; derselbe in *Unmögl.* S. 256. Keine besondere Bedeutung hat die Frage auch für diejenigen Schriftsteller, die unabhängig von der Frage der „Übergabe" die Eigentumsübertragung als ein Plus im Verhältnis zur „Übergabe" betrachten, z. B. *Adler,* S. 399; *Kohler,* § 93, II; *Palleske,* S. 62; *Stern,* S. 66/67; vgl. auch *Silber,* § 50, II, 5 a, α. Geht also das Eigentum auf den Käufer über, muß a fortiori auch die Gefahr übergehen.

[25] *De Boor,* Buch 2, Kap. 30, V, 2, S. 265; *Martinius,* S. 55; *Matthiaß,* § 109, I; *Molitor II,* § 3, IV, 2; *Oertmann,* § 446, 1 a, γ; *Reineke,* S. 2/3. *Papanikolau,* Art. 522, § 49, 3. *Ehrenzweig,* § 364, IV, 1, Anm. 29. Vgl. auch *Endemann,* § 159 a, 5 a, 2, Anm. 28; *Schubert,* § 15, 3. Ein Teil dieser Autoren verlangt ausdrücklich zugleich Eigentumsverschaffung (*De Boor, Martinius, Molitor, Oertmann,* aaO).

[26] Z. B. *De Boor,* Buch 2, Kap. 30, V, 2, S. 265; *Martinius,* 54; *Oertmann,* § 446, 1 a, γ. *Papanikolau,* Art. 522, § 49, 3.

[27] *BGB-RGRK-Kuhn,* § 446, Anm. 12; *Dernburg-Raape,* § 174, III; *Enneccerus-Lehmann,* § 103, II, 1, die auch Eigentumsübertragung verlangen; *Erman-Böhle-Stamschräder,* § 466, 2 b, die zugleich Verschaffung des mittelbaren Besitzes verlangen; *Esser,* § 103, 2; *Otto v. Gierke,* § 192, IV, 2, Anm. 74, der auch sagt, daß „meist" eine solche Erfüllung in der Parteiabsicht gefunden werden kann; *Heck,* § 84, 3; *Larenz II,* § 38, II a, S. 61, der Eigentumsübergang fordert; *Loewenwarter,* § 446; *Wirtz,* S. 33, der hier, wo es sich um vollständige Erfüllung handelt, keinen Gefahrübergang in technischem Sinne sieht; *Soergel-Ballerstedt,* § 446, 5, die übrigens Verschaffung des mittelbaren Besitzes verlangen; *Würdinger,* Vorbem. vor § 373, Anm. 78 b; vgl. *Cosack-Mitteis,* § 183, 2 a, γ; *Emmanuel,* S. 63; *Palandt-Gramm,* § 446, 3.

[28] *Boettge,* S. 62—65; *Krahmer,* S. 127, Anm. 34; *Planck-Knoke,* § 446, 2 b, α; *Staudinger-Ostler,* § 446, 12; *Wismeyer,* S. 56 und 57. *Ligeropoulo I,* S. 625.

4) Die *vierte* Meinung[29] verneint den Gefahrübergang, weil die Voraussetzungen und die den Gefahrübergang durch „Übergabe" rechtfertigenden Gründe fehlen.

Die Argumente der ersten Meinung beruhen entweder auf Billigkeitserwägungen[30] oder auf der Tatsache des Eigentumsübergangs und der weiteren Regelung der Gefahrtragung nach dem Inhalt des besonderen Rechtsverhältnisses[31].

Der Begriff „Billigkeit" kann die Lösung kaum fördern, weil sie einen sehr abstrakten Maßstab darstellt. Was der ersten Meinung als billig erscheint, erscheint der vierten als unbillig. Man muß konkretere Kriterien entwickeln.

Die Beantwortung der Frage unter dem Gesichtspunkt der Eigentumsübertragung setzt die Bejahung der Frage voraus, daß die Eigentumsübertragung wenn nicht ein Plus, so doch mindestens eine gleichwertige Größe im Verhältnis zur „Übergabe" darstellt, eine Tatsache, die wir zumindest für bewegliche Sachen, früher (s. oben § 2, V, 1 a) verneint haben.

Die Regelung der Gefahrtragung nach dem Inhalt des besonderen Rechtsverhältnisses erfordert die Beendigung des Kaufvertrages, d. h. seine vollständige Erfüllung oder seine Novation ex nunc. Nur wenn das sicher ist, verdient dieses Argument Beachtung; andernfalls ist es eine petitio principii. Was die zweite Meinung behauptet, ist unzweifelhaft richtig, soweit § 446, I, 1 (s. oben § 4, VIII) eine dispositive Norm darstellt. Sie fördert aber die Lösung der Frage darüber hinaus nicht[32]. Wenn die Frage des Besitzkonstituts so leicht zu lösen wäre, dann gäbe es kein besonderes Problem. Die Schwierigkeit der Feststellung des Willens der Parteien, die regelmäßig an die Gefahr nicht gedacht haben, hat die Theorie veranlaßt, sichere Maßstäbe mindestens für die typischen Fälle aufzustellen. Sie muß die Interessenlage genauer berücksichtigen, damit sie dadurch Gründe zu finden vermag, die vielleicht zu einer analogen Anwendung des § 446, I, 1 führen können. Nur mangels solcher Gründe ist die Frage als Tatfrage zu charakterisieren.

Vgl. *Adenauer*, S. 14, Anm. 4: „regelmäßig". Ein Teil dieser Schriftsteller verlangt daneben ausdrücklich Eigentumsverschaffung, z. B. *Boettge, Planck-Knoke, Wismeyer* aaO. Andere betonen, daß hier die Gefahr gemäß § 323 auf den Käufer übergeht, z. B. *Boettge, Planck-Knoke, Wismeyer* (S. 58) aaO. Man sagt auch, daß die Gefahrtragung von diesem Zeitpunkt ab nach dem Inhalt des vereinbarten besonderen Rechtsverhältnissen beurteilt werden soll, so z. B. *Wismeyer, Ligeropoulo*, aaO.

[29] *Leonhard II*, § 9, S. 21; *Künzli*, S. 13; *Schmitz*, S. 8,

[30] *Molitor II*, § 3, IV, 2.

[31] *De Boor*, Buch 2, Kap. 30, V, 2, S. 265; *Martinius*, S. 54; *Oertmann*, § 446, 1 a, γ. Vgl. *Papanikolau*, Art. 522, § 49, 3.

[32] *Palleske*, S. 41.

Der Versuch der dritten Meinung, einen vermuteten Willen der Parteien festzustellen, scheint sehr gefährlich. Soweit das Gesetz den Willen der Parteien berücksichtigen will, hat es entweder Auslegungsrechtssätze oder ergänzende Vorschriften geschaffen. Weitere Rechtssätze darf die Theorie dem nicht hinzufügen. Ihr bleibt nur die Möglichkeit der Analogie.

Die vierte Meinung übertreibt m. E. die Bedeutung der „Übergabe". Auch im Rahmen des Besitzkonstituts gibt es eine Überwachungs- und Nutzungsmöglichkeit. Die Frage kann nur bei Berücksichtigung der Interessenlage entschieden werden. Man muß also zwischen dem Fall, daß das Besitzkonstitut kein Eigentum verschafft, und dem, daß es gemäß § 930 den Eigentumsübergang herbeiführt, unterscheiden.

a. Besitzkonstitut ohne Eigentumsübertragung

Wir kamen zu dem Ergebnis, daß das Gesetz in § 446, I, 1 ausschließlich auf die „Übergabe" abstellt, und zwar unabhängig von einer etwaigen Eigentumsverschaffung (s. oben § 3, I, 1). Die Nichtübertragung des Eigentums hat mit der „Gefahr" nichts zu tun, sie löst nur u. U. die Wirkungen der Rechtsmängelhaftung aus (s. oben § 3, I, 2 a, *α*; I, 2 b, *α*). Die Tatsache also, daß das Besitzkonstitut u. U. den Eigentumsübergang nicht herbeiführen kann[33] oder soll[34], hat keinen unmittelbaren Einfluß auf die Frage des Gefahrübergangs. Es bleibt daher nur die Frage, ob diese bloß possessorische Wirkung des Besitzkonstituts eine analoge Behandlung zu der „Übergabe" des § 446, I, 1 verdient, oder ob gemäß § 323 die Gefahr beim Verkäufer bleibt. Unstrittig ist, daß der Verkäufer gemäß § 433, I zur Verschaffung des unmittelbaren Besitzes verpflichtet ist[35]. Das Vorhandensein eines Besitzkonstituts setzt aber immer eine Vereinbarung[36], auf Grund derer ein Besitzmittlungsverhältnis zwischen Erwerber (Käufer) und Veräußerer (Verkäufer) geschaffen wird, voraus. Diese Vereinbarung stellt, soweit der Kaufvertrag noch nicht erfüllt ist, gemäß § 305 einen Änderungsvertrag[37] dar, der die Verpflichtung des Käufers zur „Übergabe" modifiziert[38]. Wir brauchen nicht zu sagen, daß

---

[33] Z. B. weil die Sache dem Verkäufer nicht gehörte (§ 933), insbesondere weil sie dem Eigentümer abhanden gekommen war (§ 935, I).

[34] Z. B. unter Eigentumsvorbehalt (s. unten § 9, II, 2).

[35] *Esser,* § 102, 2 a, cc; *Larenz II,* § 36, I a; *Staudinger-Ostler,* § 433, 10.

[36] Und zwar konkretes Besitzkonstitut. So m. R. *Baur,* § 7, III, 1 b, bb; *Wolff-Raiser,* § 67, I, 1; vgl. *Westermann,* § 18, 3.

[37] Im allg. *Larenz I,* § 9, I.

[38] So m. R. *Staudinger,Ostler,* § 433, 10; RGZ 103, 152; RG, LZ 1917, 1279. *Contra Palleske,* S. 39, der im Besitzkonstitut eine Stundung der „Übergabe" sieht. Der Verkäufer schulde die „Übergabe" kumulativ (S. 43), und zwar sowohl aus dem Kaufvertrag als auch aus dem besonderen Schuldverhältnis. Er führt als Argument nicht nur die Interessen des Käufers an, sondern auch die Tatsache, daß §§ 933, 934 bei späterer „Übergabe" den gutgläubigen Erwerb

die Gefahr auf den Käufer übergeht, weil dies dem vermutlichen Willen der Parteien entspricht. Ein solcher Wille ist schwer zu finden, weil die Parteien regelmäßig nicht an die Gefahr denken (es würde sich also um einen hypothetischen Willen handeln). Der Übergang der Gefahr auf den Käufer ist die denknotwendige Folge des Änderungsvertrages, durch den der Verkäufer seinen Verpflichtungen als Verkäufer nachgekommen ist. Er behält daraufhin die Sache als Besitzmittler des Käufers (z. B. als Mieter, Verwahrer, Entleiher oder auf Grund eines ähnlichen Verhältnisses, s. § 868). Die weitere Regelung der Gefahrtragung richtet sich nach dem Inhalt des vereinbarten besonderen Rechtsverhältnisses.

Die Gefahr geht also nicht gemäß § 323 auf den Käufer über, weil nach dieser Vorschrift zum Gefahrübergang eine vollständige Erfüllung, d. h. auch Eigentumsverschaffung (§ 433, I), erforderlich ist, die hier von vornherein ausgeschlossen war, sondern in Analogie zu § 446, I, 1.

Von diesen dogmatischen Gründen abgesehen, spricht für den Gefahrübergang auch die Interessenlage. Das Besitzkonstitut gewährt regelmäßig dem Käufer die Nutzungsmöglichkeit der Sache. Der Käufer zieht z. B. Zivilfrüchte in seiner Eigenschaft als Vermieter. Die Tatsache, daß er sie nicht zieht, weil eine Leihe oder Verwahrung vereinbart wurde (von dem Fall abgesehen, daß in den beiden Fällen eine versteckte Miete liegt, sofern die nicht ausdrückliche Vereinbarung eines Mietzinses Einfluß auf die Höhe des Kaufpreises ausgeübt hat), spielt keine Rolle. Die Lage des Käufers unterscheidet sich nicht von der Lage anderer Personen, die ihre Sachen[39] verliehen oder in Verwahrung gegeben haben. Letztere tragen trotzdem die Gefahr. Dieses Argument gilt auch für die Überwachungsmöglichkeit. Hierauf hat der Käufer kraft des Besitzmittlungsverhältnisses verzichtet. Der Vereinfachungszweck des § 930, der für den Eigentumsübergang auf das mit der körperlichen „Übergabe“ zutage tretende Offenbarungsprinzip verzichtet und sich auf die Vereinbarung

---

herbeiführen. Seine Meinung verliert ihre Bedeutung, soweit der Verk. Eigentum überträgt. Mit ihm geht (nach seiner Meinung) immer die Gefahr auf den Käufer über. Seine Meinung widerspricht dem Institut des Änderungsvertrages im allgemeinen. Worin liegt der Zweck des Änderungsvertrages, wenn man die Bedingung setzt, daß dieser Vertrag nur kumulative Folgen auslöst. Es widerspricht aber auch der Interessenlage, wenn der Verkäufer die Sache als Mieter weiter behält, so daß er für eine möglicherweise sehr lange Zeit die Gefahr als Verkäufer trägt, obwohl er z. B. dem damaligen Käufer (jetzt Vermieter) einen Mietzins als Entgelt für die Benutzung der Sache entrichtet. Dies widerspricht auch dem Vereinfachungszweck des Besitzkonstituts. §§ 933, 934 betreffen nur die sachenrechtliche Zuordnung und beruhen auf ganz anderen Erwägungen, die das Verhältnis zwischen Verk. und Käufer unmittelbar nicht berühren können.

[39] Ob sie Eigentümer der entliehenen oder in Verwahrung gegebenen Sachen waren, ist nicht von Bedeutung, weil sowohl die Leihe wie auch der Verwahrungsvertrag kein Eigentum des Verleihers bzw. Hinterlegers voraussetzen.

eines besonderen Rechtsverhältnisses beschränkt, muß hier a fortiori gelten. Es wäre schwerfällig, in einem so hoch entwickelten Recht, wie dem des BGB körperliches Geben und Nehmen für den Gefahrübergang zu verlangen.

b. Besitzkonstitut mit Eigentumsübergang

Dieser Fall ist der häufigste. Das Besitzkonstitut gebraucht man in der Regel zur Vereinfachung des Eigentumserwerbs gemäß § 930. Die Erwägungen, die oben (§ 7, V, 1 a) angestellt werden, erfassen auch diesen Fall. Nur hinsichtlich der Interessenlage ist hinzuzufügen, daß hier die Position des Käufers viel stärker ist, weil er auch Eigentum an der Kaufsache erworben hat. Hier sprechen also noch triftigere Gründe für den Gefahrübergang. Im Gegensatz zum vorigen Fall geht die Gefahr hier aber nach § 323 auf den Käufer über[40]:

2. *Grundstücke.* Das Besitzkonstitut wird vom Gesetz in § 930 als Vereinfachungsmittel für die Eigentumsübertragung an beweglichen Sachen eingeführt. Eigentum an Grundstücken kann man vertraglich nur gemäß § 873, also durch Auflassung und Eintragung, erwerben[41]. Diese Eigentumsübertragung ist von der besitzrechtlichen Lage völlig unabhängig[42]. Das Problem, das daraus erwächst, betrifft also die Frage, ob das Besitzkonstitut als „Übergabesurrogat" Gefahrübergang auch in bezug auf Grundstücke herbeiführen kann, und zwar in Analogie zur „Übergabe" des § 446, II oder gemäß § 323. Als erstes ist festzustellen, ob und unter welchen Voraussetzungen bei Grundstücken ein Besitzkonstitut begründet werden kann. Im allgemeinen kann der mittelbare Besitz gemäß § 868 durch Besitzkonstitut, soweit es ein Besitzmittlungsverhältnis begründet, erworben werden[43]. Der Erwerb des mitt. Besitzes des § 868 beziaht sich sowohl auf bewegliche Sachen als auch auf Grundstücke; dies folgt aus der Tatsache, daß das BGB im Besitzrecht gemeinsame Vorschriften für bewegliche und unbewegliche Sachen geschaffen hat[44]. Damit man aber eine Übertragung des mittelbaren Besitzes für den Gefahrübergang im allgemeinen für bedeutsam erklären kann, muß sie selbstverständlich auf Grund eines formgerechten Kaufes[45] gemäß § 313 geschehen.

---

[40] *Boettge*, S. 65; *Planck-Knoke*, § 446, 2 b, *α*; *Wirtz*, S. 33; *Wismeyer*, S. 56/57. Hier handelt es sich nicht um einen Gefahrübergang im technischen Sinne, weil der Verkäufer vollständig erfüllt hat. So richtig *Wirtz*, S. 33.

[41] *Baur*, § 19, A ff.; § 22, IV; *Jul. v. Gierke*, § 7, I, 1; *Hedemann* (S), § 15, II a; *Lent*, § 26, I; *Westermann*, § 77, I; *Wolff-Raiser*, § 61, I.

[42] *Baur*, § 19, A, I, 1; *Westermann*, § 8, 3 b, S. 57; *Wolff-Raiser*, § 38.

[43] *Baur*, § 7, B, III, 2 a, bb; *Westermann*, § 19, I, 1; *Wolff-Raiser*, § 14, I, 2.

[44] So im allg. *Baur*, § 2, II, 2; *Westermann*, § 6, I; vgl. *Martinius*, S. 55.

[45] S. oben § 4, II. Vgl. aber *Martinius*, S. 55: „Constitutum possessorium ist freilich bei Grundstücken nur gleichzeitig mit Eintragung des Eigentums für Käufer im Grundbuch *denkbar* und hier der Begriff der Ersatz-Übergabe am ehesten entbehrlich."

Die Meinungen darüber, ob das Besitzkonstitut bei Grundstücken zum Gefahrübergang genügt oder nicht, sind geteilt. Einige[46] bejahen die Frage, andere[47] verneinen sie. Die Tatsache, daß das BGB auch bei Grundstücken die „Übergabe", unabhängig von Eigentumsübertragung, als maßgebend für den Gefahrübergang (§ 446, II) ansieht, weil sie die Sache in die Überwachungs- und Nutzungssphäre des Käufers einordnet (vgl. aber oben § 2, V, 1 b), zwingt zu einer entsprechenden Anwendung auch für den Fall der Verschaffung des mittelbaren Besitzes, soweit auch er bei Grundstücken (d. h. im Verhältnis zu der „Übergabe" bei *Grundstücken*) wirtschaftlich dieselben Folgen auslöst. Die Gründe, die für den Gefahrübergang bei beweglichen Sachen durch Besitzkonstitut ohne Eigentumsübertragung angeführt wurden, gelten mutatis mutandis auch hier (vgl. oben § 7, V, 1 a).

Die Gefahr geht demzufolge hier in Analogie zu § 446, II über und nicht nach § 323, weil mangels Eigentumsverschaffung keine vollständige Erfüllung vorliegt.

VI. Abtretung des Herausgabeanspruchs

Die Bedeutung der Abtretung des Herausgabeanspruchs (§ 931) für den Gefahrübergang gemäß § 446 ist in der Literatur viel streitiger als die des Besitzkonstituts. Diese Frage ist grundsätzlich bedeutungslos für diejenigen Meinungen, die als „Übergabe" im Rahmen des § 446 sämtliche Akte verstehen, die entweder den Besitz (also auch den mittelbaren Besitz)[48] oder das Eigentum[49] verschaffen. Mit der Verschaffung des mittelbaren Besitzes bzw. des Eigentums geht also die Gefahr auf den Käufer über. Für die übrigen Meinungen bleibt die Frage streitig. Zur Erleichterung der Verständigung werden wir die Frage für bewegliche Sachen und Grundstücke getrennt behandeln.

1. *Bewegliche Sachen.* Es gibt auch hier vier Meinungen.

1) Die *erste* Meinung bejaht die Frage des Gefahrüberganges[50].

---

[46] *Dernburg-Raape,* § 174, IV, 1; *Kisch,* § 8, II, 1 b, der, wie wir gesehen haben, das Besitzkonstitut als „Übergabe" ansieht; *Staudinger-Ostler,* § 446, 12.

[47] *Stern,* S. 67, und *Wismeyer,* S. 58, weil das Besitzkonstitut an Grundstücken kein Eigentum übertragen könne; *Palleske,* S. 63, weil es keine „Übergabe" darstelle und kein Eigentum übertragen könne.

[48] *Goldmann-Lilienthal,* § 131, I, 1, Anm. 2.

[49] *Crome,* § 213, 1 a; *Marttinius,* S. 54; *Titze,* § 41, 3 a; *derselbe, die Unmögl.* S. 256. Auch diejenigen, die das Eigentum als ein Plus im Verhältnis zur „Übergabe" betrachten: *Adler,* S. 400; *Palleske,* S. 58; *Stern,* S. 67. *Kaukas,* Art. 522, § 6, Anm. 3.

[50] *Kisch,* § 8, II, 1 a; *Matthiaß,* § 109, I; *Schollmeyer,* I, IV, S. 18; *Siber,* § 50, II, 5 a, α. Vgl. *Molitor II,* § 3, IV, 2. *Apostolidis,* Art. 522, 4 a, S. 121/22; *Papanikolau,* Art. 522, § 49, 4. *Adler, Kisch, Reineke, Siber,* aaO. verlangen ausdrücklich zugleich Eigentumsverschaffung.

2) Die wohl *herrschende* Ansicht bejaht die Frage, aber nur unter der Voraussetzung, daß die Abtretung des Herausgabeanspruchs nach dem Inhalt des Vertrages als vollständige Erfüllung anzusehen ist[51]. Wann das geschieht, ist Tatfrage.

3) Eine *dritte* Auffassung will zwar unter den Voraussetzungen der h. M. die Frage bejahen, fügt aber hinzu, daß immer eine vollständige Erfüllung vorliegt[52].

4) Die vierte Meinung verneint die Frage[53].

Die erste Meinung beruht hauptsächlich auf der Tatsache, daß der Käufer Eigentümer geworden ist und daß er folglich die Herausgabe der Sache vom Besitzer verlangen kann[54]. Wir haben mehrmals betont, daß der Eigentumsübergang bei beweglichen Sachen grundsätzlich im Verhältnis zur Gefahrtragungsfrage keine Rolle spielt. Der Gesetzgeber hat den Gefahrübergang vielmehr mit dem Übergang der Nutzungs- und Überwachungsmöglichkeit verbunden. Darüber, wann dies im Rahmen der Abtretung des Herausgabeanspruchs geschieht, s. unten § 7, VI, 1 a. Gegen die zweite Ansicht kann eingewendet werden, was wir gegen die gleiche Ansicht zur Frage des Besitzkonstituts (s. oben § 7, V, 1 Mein. 2) angeführt haben. Obwohl im Kern richtig, fördert sie die Frage nicht. Was wir oben (§ 7, V, 1, Mein. 3) zum Besitzkonstitut festgestellt haben, kann der dritten Meinung entgegengehalten werden. Die vierte Auffassung übersteigert die Bedeutung der „Übergabe", führt zu einer äußerst engherzigen Auslegung und läßt die Interessenlage unberücksichtigt (vgl. oben § 7, V, I, Mein. 4).

Ohne Prüfung der Interessenlage kann auch diese Frage nicht entschieden werden. Das bedingt eine getrennte Behandlung der einzelnen Fälle.

---

[51] *Adenauer,* S. 14, der eine vollst. Erf. regelmäßig nicht annimmt; *BGB-RGRK-Kuhn,* § 446, Anm. 12; *De Boor,* Buch 2, Kap. 30, V, 2, S. 265; *Enneccerus-Lehmann,* § 103, II, 1; *Erman-Böhle-Stamschräder,* § 446, 2 b; *Krahmer,* 127, Anm. 34; *Larenz II,* § 38, II a, S. 61; *Planck-Knoke,* § 446, 2 b, α; *Soergel-Ballerstedt,* § 446, 5; *Wirtz,* S. 33; *Würdinger,* Vorbem. vor § 373, Anm. 78 b; vgl. *Cosack-Mitteis,* § 183, 2 a, γ; *Emmanuel,* S. 63; *Palandt-Gramm,* § 446, 3. Einige von diesen Schriftstellern verlangen ausdrücklich außerdem Eigentumsverschaffung (so z. B. *De Boor* und *Enneccerus-Lehmann* aaO.), andere Verschaffung des mittelbaren Besitzes (so z. B. *BGB-RGRK-Kuhn, Erman-Böhle-Stamschräder, Otto v. Gierke, Soergel-Ballerstedt* aaO.).

[52] *Boettge,* S. 66—68; *Staudinger-Ostler,* § 446, 13; *Wismeyer,* S. 57 und 58. Alle drei Schriftsteller verlangen auch Eigentumsverschaffung; *Staudinger-Ostler* aaO. verlangen auch Verschaffung des mittelbaren Besitzes. Vgl. auch *Schubert,* § 15, 3.

[53] *Dernburg-Raape,* § 174, III; *Künzli,* S. 13; *Leonhard II,* § 9, S. 21; *Oertmann,* § 446, 1 a, δ; *Schmitz,* S. 8; *Warneyer-Bohnenberg,* § 446, I; *OLG* Hamburg 39, 168; vgl. *Endemann,* § 159 a, 5 a, 2.

[54] *Kisch,* § 8, II, 1 a.

a. Verschaffung des mittelbaren Besitzes durch Abtretung des Herausgabeanspruchs

Der mittelbare Besitz kann gemäß § 870 durch bloße Abtretung des Herausgabeanspruchs auf den Käufer übertragen werden[55], und zwar ohne Eigentumsverschaffung[56], obwohl er regelmäßig mit ihr zusammenfällt. Das Problem, das sich hier zeigt, soweit der Gefahrübergang nach § 446, I, 1 unabhängig von Eigentumsverschaffung eintritt, liegt also in der Frage, ob die Verschaffung des mittelbaren Besitzes in Analogie zu dem Begriff „Übergabe" des § 446, I, 1 steht. Die Überlegungen, die oben (§ 7, V, 1 a) angesichts des Besitzkonstituts ohne Eigentumsverschaffung angestellt wurden, gelten auch hier. Die Interessenlage des Käufers, der seinen mittelbaren Besitz auf ein Besitzmittlungsverhältnis seinem Verkäufer gegenüber stützt, ist der des Käufers, dem ein Dritter den Besitz nach dem Inhalt des Kaufvertrages weiterhin vermittelt, ähnlich. Die Gefahr geht also auch hier mit der Verschaffung des mittelbaren Besitzes durch Abtretung des Herausgabeanspruchs (§ 870) auf den Käufer in Analogie zu § 446, I, 1 über und nicht nach § 323, der eine vollständige Erfüllung (also auch Eigentumsverschaffung) verlangt.

b. Verschaffung des Eigentums durch Einigung und Abtretung des Herausgabeanspruchs

Das Eigentum an der Kaufsache kann durch Einigung und Abtretung des Herausgabeanspruchs[57] gemäß § 931 auf den Käufer übertragen werden, und zwar ohne Besitzverschaffung[58]. Kann aber mit der Ver-

---

[55] *Baur,* § 7, B, III, 2 b; *Eichler II/1,* S. 143/44; *Jul. v. Gierke,* § 7, III, 2 a; *Hedemann* (S), § 7, IVb; *Lent,* § 5, V; *Westermann,* § 19, III, 2; *Wolff-Raiser,* § 15, II.

[56] *Westermann,* § 19, III, 1.

[57] Als solcher ist der Anspruch aus § 985, soweit der Verkäufer keinen mittelbaren Besitz hat (anders die Abtretung des Herausgabeanspruchs aus dem Besitzmittlungsverhältnis), zu verstehen. In solchem Falle aber genügt die bloße Einigung zur Eigentumsverschaffung. Die Abtretung des Herausgabeanspruchs ist entbehrlich, weil dieser Anspruch eine Folge des Eigentums darstellt (so mit Recht *Baur,* § 51, VI, 1 b, bb; *Westermann,* § 41, 4 b; *Wolff-Raiser,* § 67, II, 2). Dieser Meinung nach kann auch Eigentum an besitzlosen Sachen, d. h. für Fälle, wo von einem Herausgabeanspruch nicht die Rede sein kann, durch bloße Einigung übertragen werden (*Baur,* § 51, VI, 1 b; *Westermann,* § 41, II, 3; *Wolff-Raiser,* § 67, II, 2; *contra Eichler II/1,* S. 146, und die dort Angegebenen). Nur herkömmlicherweise spricht man in diesem Falle von einer Eigentumsübertragung durch „Abtretung des Herausgabeanspruchs".

[58] *Baur,* § 51, VI, 1; *Jul. v. Gierke,* § 31, V, 2; *Hedemann (S),* § 21, III, c; *Lent,* § 29, VII; *Westermann,* § 41, II, 4 b; *Wolff-Raiser,* § 67, II, 2. Wenn der Verkäufer den mittelbaren Besitz hat, muß er seinen besitzrechtlichen Anspruch aus § 870 abtreten. So richtig *Baur,* § 51, VI, 1 a; *Westermann,* § 41, II, 4 a; *Wolff-Raiser,* § 67, II, 1; *BGH,* NJW 1959, 1538.

schaffung des Eigentums nach dieser Vorschrift die Gefahr gemäß (oder in Analogie zu) § 446, I, 1 auf den Käufer übergehen? Die Tatsache, daß der Verkäufer aus Billigkeitsgründen die Gefahr nicht mehr tragen soll, soweit die Erlangung des Besitzes von dem bloßen Willen des Käufers (nunmehr Eigentümers) abhängt[59], genügt nicht zur Begründung des Gefahrüberganges. Wie wir mehrmals betont haben, hat § 446, I, 1 im Gegensatz zu § 446, II den Eigentumsübergang allein an die Übergabe der Kaufsache geknüpft. An sich kann die Gefahr nicht durch bloße Eigentumsverschaffung übergehen. Die Interessenlage in unserem Fall ist folgende: Der Käufer kann in den meisten Fällen die Sache erst durch einen Prozeß erlangen, weil der Besitzer die Sache dem Verkäufer entweder weggenommen hat (z. B. Diebstahl), oder weil er den Besitz des Verkäufers bestreitet (z. B. Mieter). In einem solchen Prozeß hat der Käufer u. U. den § 986, II gegen sich gelten zu lassen (vgl. oben § 2, V, 1 a). Die Interessenlage des Käufers ist vielleicht noch schlechter im Falle des Kaufes besitzloser Sachen (z. B. verlorener, im Meer versunkener). Die Kaufsache bedrohen also hier besonders hohe Gefahren. Zur Lösung der Frage erscheint daher § 446, I, 1, der seine Daseinsberechtigung in der Nutzungs- und Überwachungsmöglichkeit des Käufers findet, für diese Fälle als völlig ungeeignet. Man muß die Lösung aus dem konkreten Inhalt des Kaufvertrages ableiten. Der Abschluß solcher Verträge ist selten[60]. Es ist wahrscheinlich, daß die Parteien in solchen Fällen mit allen diesen Möglichkeiten gerechnet haben. Der Käufer, der ein im Meer versunkenes Schiff oder einen verlorenen oder gestohlenen Ring gekauft hat, hat diese Umstände regelmäßig bei der Bestimmung des Kaufpreises berücksichtigt. Es ist wahrscheinlich, daß in solchen Fällen nach dem Vertragsinhalt mit der Eigentumsverschaffung die Gefahr auf den Käufer übergegangen ist. Die Frage bleibt trotzdem im Grunde Tatfrage. Wenn man aber bei der Auslegung des Inhaltes eines solchen Kaufvertrages annimmt, daß die Gefahr übergeht, folgt die Gefahrtragung des Käufers aus § 323[61].

c. Eigentums- und Besitzverschaffung nach § 931

Die Einigung und die Abtretung des nach § 870 bestehenden Herausgabeanspruchs[62] verschaffen dem Käufer sowohl Eigentum als auch mittelbaren Besitz. Die Gründe, die wir oben (§ 7, VI a) angeführt haben, umfassen auch dieses Problem. Die Verschaffung des mittelbaren Besitzes

---

[59] So *Kisch*, § 8, II, 1a; *Martinius*, S. 54; *Reineke*, S. 3; *Stern*, S. 67; vgl. *Titze, die Unmögl.*, S. 256.

[60] So mit Recht *Lent*, § 29, VII.

[61] *Planck-Knoke*, § 446, 2 b, α. Hier aber handelt es sich nicht um einen Gefahrübergang im technischen Sinne, weil der Verkäufer nach dem Inhalt des Vertrages vollständig erfüllt hat. So richtig *Wirtz*, S. 33 (vgl. auch oben § 1, III).

[62] S. oben Anm. 58.

führt also in Analogie zu § 446, I, 1 zum Gefahrübergang. Soweit aber der Verkäufer dem Käufer auch Eigentum verschafft hat, spricht die Interessenlage hier stärker für den Gefahrübergang: Die Gefahr geht nach § 323 auf den Käufer über, weil der Verkäufer vollständig erfüllt hat[63].

2. *Grundstücke.* Bei Grundstücken kann die Abtretung des Herausgabeanspruchs kein Eigentum übertragen[64], weil dieses vertraglich nur durch Auflassung und Eintragung übertragen werden kann[65]. Die Frage beschränkt sich also darauf, ob die Verschaffung des mittelbaren Besitzes gemäß § 870[66] in Analogie zu § 446, II (Übergabe) auch bei Grundstücken den Gefahrübergang auf den Käufer herbeiführen kann. Die Frage ist in der Literatur streitig. Einige[67] Schriftsteller bejahen die Frage ausdrücklich, andere[68] nehmen negativ Stellung.

Die Interessenlage des Käufers, der seinen mittelbaren Besitz auf ein Besitzmittlungsverhältnis zu seinem Verkäufer stützt, ist der des Käufers, dem ein Dritter diesen Besitz vermittelt, von Einzelheiten abgesehen, verwandt. Die Erwägungen, die beim Besitzkonstitut zur Bejahung dieser Frage führen, greifen auch hier Platz. Die Gefahr geht also in Analogie zu § 446, II auf den Käufer über. Daß die Verschaffung des mittelbaren Besitzes auf Grund eines gemäß § 313 formgerechten Vertrages geschehen muß, liegt auf der Hand (s. oben § 7, V, 2 und Anm. 45).

VII.

Die Übergabe[69] und ihre Surrogate müssen auf Grund des Kaufvertrages (vgl. oben § 4, I) und als seine Folgen geschehen. Es genügt also die Gebrauchsüberlassung auf Grund eines Nebenvertrages (z. B.

---

[63] Auch hier liegt keine Gefahr im technischen Sinne vor (s. oben § 7, Anm. 61).

[64] *Eichler II/1,* S. 144; Warn.Rspr. 1919, Nr. 95.

[65] S. oben § 7, Anm. 41.

[66] § 870 gilt auch für Grundstücke, s. oben § 7, Anm. 44.

[67] *Kisch,* § 8, II, 1b; *Martinius,* S. 55; *Reineke,* S. 3; vgl. *Dernburg-Raape,* § 174, IV, 1.

[68] *Palleske,* S. 63/44; *Stern,* S. 67; *Wismeyer,* S. 58. Diese Schriftsteller verlangen bei den Besitzsurrogaten Eigentumsverschaffung.

[69] *Adenauer,* S. 35; *Adler,* S. 400; *BGB-RGRK-Kuhn,* § 446, Anm. 12; *Boettge,* S. 39; *Eccius,* S. 883; *Endemann,* § 159 a, 5 b, Anm. 45 in bezug auf Grundstücke; *Enneccerus-Lehmann,* § 103, II, 1; *Erman-Böhle-Stamschräder,* § 446, 2 b; *Esser,* § 103, 2; *Fischer-Henle-Titze-David,* § 446, 1; *Klasen,* S. 14; *Kluckhohn,* S. 142 *Künzli,* S. 13; *Larenz II,* § 38, II a, S. 62; *Oertmann,* § 446, 1b in bezug auf Grundstücke; *Palleske,* S. 31; *Planck-Knoke,* § 446, 2 b, α; *Soergel-Ballerstedt,* § 446, 5; *Staudinger-Ostler,* § 446, 16—17; *Stern,* S. 67; *Wetzmüller,* S. 11/12; *RG* 85, 320; *OGH,* 1, 156. *Apostolidis,* Art. 522, 4 a, S. 122 in bezug auf Fahrnis; *Papanikolau,* Art. 522, § 49, 2.

Miete, Leihe, Verwahrung) im Rahmen eines befristeten[70] oder bedingten[71] Kaufes nicht[72]; ebensowenig die Gebrauchsüberlassung zur vorläufigen Untersuchung der Sache[73]. Dagegen geht die Gefahr mit der Übergabe (bzw. ihren Surrogaten s. oben) auf den Käufer über unabhängig davon, ob der Käufer die Kaufsache als Erfüllung angenommen oder sie gebilligt hat[74].

---

[70] *Planck-Knoke,* § 446, 2 b, α; *Stern,* S. 69; *Wetzmüller,* S. 11/12. *Papanikolau,* Art. 522, § 49, 2. Vgl. auch *Endemann,* § 159 a, 5, b, Anm. 45; *Oertmann,* § 446, 1 b.

[71] *OGH* 1, 149. *Papanikolau,* Art. 522, § 49, 2. Vgl. auch *BGB-RGRK-Kuhn,* § 446, Anm. 12; *RG* 85, 320, 322.

[72] Diese Frage ist nicht zu verwechseln mit dem Gefahrübergang bei bedingten bzw. befristeten Käufen (darüber unter § 8).

[73] *Erman-Böhle-Stamschräder,* § 446, 2 b; *Endemann,* § 159 a, 5 b, Anm. 45.

[74] *BGB-RGRK-Kuhn,* § 446, Anm. 13; *Enneccerus-Lehmann,* § 103, II, 1a; *Ermann-Böhle-Stamschräder,* § 446, 2 b; *Staudinger-Ostler,* § 446, 3 a, dd; *Würdinger,* Vorbem. vor § 373, Anm. 78 b; *OGH* 1, S. 154. *Papanikolau,* Art. 522, § 49, 2. *Klang-Bettelheim,* § 1064, II. *OGH,* 1, S. 154: „Die Erörterungen könnten allenfalls für die Frage der Annahme als Erfüllung (§ 363, BGB) oder für die Frage der Mängelhaftung Bedeutung haben, aber auf diese anderen Wirkungen kommt es für den Begriff der Übergabe in dem hier entscheidenden Sinne des § 446 BGB nicht an."

§ 8

BEDINGTER KAUF

Das Problem des Gefahrüberganges beim bedingten Kauf ist für den Fall, daß der Verkäufer vor dem Eintritt der aufschiebenden bzw. dem Ausfall der auflösenden Bedingung dem Käufer die Sache übergeben[1] hat, in der Literatur äußerst streitig, weil das BGB keine ausdrücklichen[2] Vorschriften hierfür enthält. Das betrifft sowohl bewegliche Sachen als auch Grundstücke. Bei den letzteren entsteht die Frage ohne Rücksicht darauf, ob die Gefahr mit „Übergabe"[3] oder mit „Eigentumserwerb"[4] auf den Käufer übergeht. Der Klarheit halber wird das Problem für die aufschiebende und die auflösende Bedingung gesondert behandelt.

I. Aufschiebend bedingter Kauf

1. *Ausfall der Bedingung.* Beim Ausfall der aufschiebenden Bedingung geht die Gefahr nicht auf den Käufer über[5], weil durch deren Ausfall der Kaufvertrag nicht zustande kommt[6]. Die „Übergabe" wird nicht als „Übergabe" auf Grund eines Kaufes betrachtet. Hier handelt es sich nicht um eine Gefahr im technischen Sinne[7], weil ihr eventueller Übergang

---

[1] Daß er ihm das Eigentum verschafft hat, spielt für den Gefahrübergang keine Rolle, weil § 446, I, 1 den Gefahrübergang bei beweglichen Sachen allein an die „Übergabe" geknüpft hat.

[2] S. Mot. S. 324.

[3] *Künzli,* S. 48. Diese „Übergabe" muß selbstverständlich auf Grund eines gemäß § 313 formgerechten Kaufvertrages geschehen (s. oben § 4, II).

[4] Der Kaufvertrag als Verpflichtungsvertrag ist nicht wie die Auflassung (§ 925, II) bedingungsfeindlich (*Baur,* § 22, II, 4 b; *Wolff-Raiser,* § 61, I, 3, d Die Frage ergibt sich hier für den Fall, daß die Auflassung unbedingt ist (so, m. R. *Klasen,* S. 16).

[5] *Adenauer,* S. 16; *Blomeyer, Stud.,* S. 231; *Enneccerus-Lehmann,* § 103, III, 1; *Goldmann-Lilienthal,* § 131, I, 8, Anm. 16; *Kluckhohn,* S. 115; *Künzli,* S. 47; *Larenz II,* § 38, II a, S. 62; *Leonhard II,* § 11, S. 22; *Palandt-Gramm,* § 446, 3; *Palleske,* S. 69; *Stern,* S. 90; *Titze, die Unmögl.,* S. 258; *Wetzmüller,* S. 21; *Würdinger,* Vorbem. vor § 373, Anm. 90.

[6] *Adenauer,* S. 16; *Blomeyer, Stud.,* S. 231; *Kluckhohn,* S. 115; *Künzli,* S. 47; *Larenz II,* § 38, II a, S. 62; *Palleske,* S. 69; *Stern,* S. 90; *Wetzmüller,* S. 21; *Würdinger,* Vorbem. vor § 373, Anm. 90.

[7] *Adenauer,* S. 16; *Palleske,* S. 69; *Stern,* S. 90.

auf keinem Vertrag beruht. Die Rechte des Verkäufers richten sich nach den Vorschriften der ungerechtfertigten Bereicherung[8] oder des Eigentumsherausgabeanspruchs[9]. Der Käufer braucht also den Kaufpreis nicht zu zahlen[10].

2. *Eintritt der aufschiebenden Bedingung.* Ob mit dem Eintritt der aufschiebenden Bedingung die Gefahr in bezug auf eine vor dem Eintritt übergebene Kaufsache auf den Käufer übergegangen ist, ist in der Literatur äußerst bestritten.

1. Die wohl herrschende Meinung[11] verneint die Frage.

2. Eine andere Auffassung tritt für den Gefahrübergang ein[12].

---

[8] *Wetzmüller,* S. 21; *Würdinger,* Vorbem. vor § 373, Anm. 90.

[9] *Würdinger,* Vorbem. vor § 373, Anm. 90, der aber zu Unrecht auch eine Vertragsklage annimmt.

[10] (S. oben § 7, IV.) Mit Recht sehen *Enneccerus-Lehmann,* § 103, III, 1 hier einen Fall, der dem des § 350 ähnlich ist. Das Argument von *Leonhard II,* § 11, S. 22, daß der Käufer auch im Falle einer wirklichen Lieferung nicht zu zahlen hätte, schlägt nicht durch, weil dieses den Fall betrifft, wo der Käufer die Sache zurückgeben könnte, nicht wo er den gezahlten Kaufpreis zurückverlangt, ohne die empfangene Leistung zurückgeben zu können.

[11] *Prot.* S. 1725: „Von einer Seite wurde dabei darauf hingewiesen, daß bei aufschiebend bedingtem Kaufe während des Schwebens der Bedingung trotz der Übergabe der Verkäufer die Gefahr zu tragen haben werde und daß dies ebenso der Fall sein werde, wenn bei auflösend bedingtem Kaufe die Bedingung eintrete." *Adler,* S. 413, obwohl er annimmt, „daß die Parteiintention, zumal im Handelsverkehr, stets für die Gefahrtragung des Käufers sprechen wird"; *Cosack-Mitteis,* § 183, 5; *Dernburg-Raape,* § 174, V; *Endemann,* § 159 a, 4 a, Anm. 24; *Erman-Böhle-Stamschräder,* § 446, 2 b; *Esser,* § 103, 3; *Fischer-Henle-Titze-David,* § 446, 3; *Otto v. Gierke,* § 192, IV, 2, Anm. 70; *Goldmann-Lilienthal,* § 131, I, 8; *Hedemann,* § 32, III a, 2; *Kisch,* § 8, II, 3, S. 66; *Kluckhohn,* S. 117 ff.; *Matthiaß,* § 109, I; *Palleske,* S. 70; *Planck-Knoke,* § 446, 2 c, α; *Rabel II,* § 116, 2; *Schollmeyer,* I, IV, 5; *Schubert,* § 15, 5; *Soergel-Ballerstedt,* § 446 8; *von Tuhr II/2,* § 81, I, 1, S. 295/6; *Wismeyer,* S. 71 *Würdinger,* Vorbem. vor § 373, Anm. 90. Vgl. *Kipp* zu *Windscheid,* § 390, 6. *Belgien: De Page II,* Nr. 885; *Waelbroeck,* Nr. 45. *Frankreich:* Art. 1182 Fr. CC. *Colin-Capitant-julliot de la Morandière II,* Nr. 883; *Josserand II,* Nr. 373, 1; *Marty-Raynaud,* Nr. 292, a; *Mazeaud II,* Nr. 1123; *Planiol-Ripert-Boulanger II,* Nr. 513, I; *Planiol-Ripert-Esmein VI,* Nr. 414; *Code Civil Annoté,* Art. 1138, Nr. 62; *Waelbroeck,* Nr. 45. *Griechenland:* Art. 533 Gr. BGB. *Italien:* Art. 1465, 4, ItCC; *D'Amelio-Finzi,* Art. 1465, 5; *Messineo III,* § 113, 10, B, f. *Niederlande:* Art. 1300 (BW); *Waelbroeck,* Nr. 55. *Österreich: Ehrenzweig,* § 364, IV, 1, S. 414. *Schweiz:* Art. 185, 3 OR; *Becker,* 185, 3; *Oser-Schönenberger,* Art. 185, 14.

[12] *Adenauer,* S. 56 ff.; *BGB-RGRK-Kuhn,* § 446, Anm. 11; *Henle,* § 38, III, 3, b; *Larenz II,* § 38 II a, S. 62; *Leonhard II,* § 12, S. 25; *Loewenwarter,* § 446 im Anschluß an Warn. 1921, Nr. 93; *Palandt-Gramm,* § 446, 3.

3. Eine dritte Ansicht unterscheidet zwischen Untergang und Verschlechterung der Kaufsache. Die Gefahr des Unterganges trägt der Verkäufer, die der Verschlechterung der Käufer[13].

4. Eine vierte Meinung sieht in der vorzeitigen Übergabe einen Änderungsvertrag, der die aufschiebende Bedingung in eine auflösende umwandelt[14]. Damit will sie die Frage nach den für auflösende Bedingungen gegebenen Vorschriften regeln.

Begründung der Mein. 1. Diese ablehnende Meinung beruht hauptsächlich auf folgenden Gedanken. Die Folgen des aufschiebend bedingten Kaufes hängen gemäß § 158 vom Eintritt der Bedingung (ex nunc) ab und haben daher keine rückwirkende Kraft[14a]. Die vorherige „Übergabe" ist also nicht endgültig[15].

Die Nichtexistenz der Kaufsache im Zeitpunkt des Bedingungseintritts verhindert das Wirksamwerden des Kaufvertrages[16]. Der Nichtübergang der Gefahr entspricht dem Parteiwillen[17].

Begründung der Mein. 2. Mit der vorzeitigen „Übergabe" muß man die Wirkungen des § 159 auch für den Gefahrübergang als vereinbart ansehen[18]. Durch die Übergabe geht die Sache in die Nutzungs- und

---

[13] *Crome,* § 213, 3 a; *Enneccerus-Lehmann,* § 103, III, 1; *Künzli,* S. 45/46; *Oertmann,* § 446, 6 b, α *Schmitz,* S. 10; *Siber,* § 50, II, b, γ; *Staudinger-Ostler,* § 446, 22; *Stern,* S. 93 und 94; *Titze, die Unmögl.,* S. 258; *Wetzmüller,* S. 34 und 36; vgl. *Molitor II,* § 3, IV, 3; *Schlegelberger,* D. § 13, 14. Für das *italienische* Recht: *Rubino,* Nr. 152, c, nach dem der Käufer nur die Gefahr der Verschlechterung und des teilweisen Unterganges trägt. Für das *österreichische* Recht: *Klang-Bettelheim,* § 1051, III. Für das *römische* Recht: *Kluckhohn,* S. 115/16; *Sohm-Mitteis-Wenger,* § 71, I, 3, Anm. 9.

[14] *Blomeyer, Stud.,* S. 235.

[14a] *Endemann,* § 159 a, 4 a, Anm. 24; *Kluckhohn,* S. 117; *Palleske,* S. 70; *Planck-Knoke,* § 446, 2, c, α; *Schubert,* § 15, 5; *Soergel-Ballerstedt,* § 446, 8; *Würdinger,* Vorbem. vor § 373, Anm. 90. *Ligeropoulo I,* S. 624/25. *Esser,* § 103, 3, nimmt vor dem Eintritt einen noch nicht perfekten Kaufvertrag an und verneint die Frage der Gefahrtragung.

[15] *Dernburg-Raape,* § 174, V; *Kohler,* § 93, II.

[16] *Kisch,* § 8, II, 3, S. 66; *Kluckhohn,* S. 117; *Würdinger,* Vorbem. vor § 373, Anm. 90. Für das *französische* Recht: *Planiol-Ripert-Boulanger II,* Nr. 513, I; *Josserand II,* Nr. 372, 1; *contra Colin-Capitant-Julliot de la Morandière II,* Nr. 883; *Mazeaud II,* Nr. 1123. Für das *italienische* Recht: *D'Amelio-Finzi,* Art. 1465, 5.

contra Colin-Capitant-Julliot de la Morandière II, Nr. 883; *Mazeaud II,* Nr. 1123. Für das *italienische* Recht: *D'Amelio-Finzi,* Art. 1465, 5.

[17] *Molitor II,* § 3, IV, 3; *Kluckhohn,* S. 119/20. Vgl. *Molitor II,* § 3, IV, 3.

[18] *Adenauer,* S. 56 ff.; *BGB-RGRK-Kuhn,* § 446, Anm. 11; *Palandt-Gramm,* § 446, 3; vgl. *Larenz II,* § 38, II a, S. 62.

Überwachungsmöglichkeitssphäre des Käufers[19] über. Der durch § 446 verfolgte Zweck wird also erreicht.

Begründung der Mein. 3. Die Untergangsgefahr geht nicht auf den Käufer über, weil der Kaufvertrag mangels Gegenstandes im Zeitpunkt des Eintritts der Bedingung nicht wirksam werden kann[20]. Wegen des Unterganges der Sache kann der Verkäufer beim Eintritt der Bedingung nicht erfüllen; § 323 findet also Anwendung[21]. Der Gefahrübergang angesichts der Verschlechterung beruht entweder auf dem Parteiwillen[22] oder auf dem Zweck des § 446[23].

Begründung der Mein. 4. Die Parteien haben die Wahl zwischen aufschiebenden und auflösenden Bedingungen. Die Wahl einer aufl. Bedingung — bzw. die Umwandlung der aufschieb. in eine solche — ist obligatorisch für die Parteien, soweit diese eine Erfüllung vor dem Eintritt der Bedingung wollen[24].

Kritik zu Mein. 1. Die erste Meinung übersieht, daß die Parteien durch die Übergabe der Kaufsache während der Schwebezeit den verkehrstypischen aufschiebend bedingten Kauf modifiziert haben. Sie übersieht weiter, daß für Wirkungen, die bereits in Erscheinung traten (wie die Übergabe), die Lösung nicht in § 158, der ex nunc-Wirkung auslöst, zu finden ist. In der Verneinung des Gefahrüberganges mangels endgültigen Charakters der Übergabe wird sie der Interessenlage nicht gerecht (s. unten § 8, I, 2 b). Sie übersieht außerdem, daß die Nichtexistenz der Kaufsache im Zeitpunkt des Bedingungseintritts keine Nichtigkeit des Kaufvertrages nach § 306 auslöst (s. unten § 8, I, 2 a). Es ist richtig, daß die Nichtexistenz der Kaufsache in diesem Zeitpunkt zur Anwendung des § 323 führen mag. Aber wie wir schon gesehen haben, ist § 323 im Rahmen des Kaufs durch § 446 modifiziert worden. Die Anwendung des § 323 setzt also eine Leistungsunmöglichkeit voraus, die aber infolge der schon geschehenen „Übergabe" nicht mehr eintreten werden kann. Über die Übergabe s. unten § 8, I, 2 b.

Zu Mein. 2. Darüber, daß diese Meinung am besten der Interessenlage entspricht, s. unten § 8, I, 2 a—b.

---

[19] *Henle,* § 38, III, 3, b; *Leonhard II,* § 12, S. 25: Das Anwartschaftsrecht läßt Wirkungen eintreten.

[20] *Künzli,* S. 45; *Oertmann,* § 446, 6 b, α; *Schmitz,* S. 10; *Siber,* § 50, II, b, γ; *Stern,* S. 93; *Wetzmüller,* S. 33. Für das *österreichische* Recht: *Klang-Bettelheim,* § 1051, III im Anschluß an § 1048 ABGB.

[21] *Enneccerus-Lehmann,* § 103, III, 1; *Staudinger-Ostler,* § 446, 22.

[22] *Enneccerus-Lehmann,* § 103, III, 1; *Staudinger-Ostler,* § 446, 22. Vgl. *Molitor II,* § 3, IV, 3.

[23] *Oertmann,* § 446, 6 b, α (Überwachungsmöglichkeit); *Wetzmüller,* S. 36/37; vgl. *Stern,* S. 93.

[24] *Blomeyer, Stud.,* S. 235 f.

Zu Mein. 3. Gegen diejenigen, die bei Untergang der Kaufsache vor dem Bedingungseintritt Nichtigkeit des Kaufvertrages annehmen, und gegen diejenigen, die nur § 323 anwenden wollen und § 446 ganz unberücksichtigt lassen, s. § 8, I, 2 a. Soweit der Vertrag trotz Untergangs der Kaufsache gültig bleibt, entfällt der Grund für die Unterscheidung zwischen Untergang und Verschlechterung. Die Bejahung des Gefahrüberganges bei Untergang der Kaufsache ergibt ein argumentum a fortiori für den Fall der Verschlechterung.

Zu Mein. 4. Diese Meinung ist nicht richtig, soweit der Verkäufer noch das Eigentum behalten hat. Die sofortige Erfüllung einer von den mehreren aufschiebend bedingten Pflichten (z. B. Übergabe) ist mit dem Begriff der aufschiebenden Bindung nicht unvereinbar. Es ist zuzugeben, daß die Bedeutung der aufschiebenden Bedingung mit der Sachübergabe abgeschwächt wird; aber zwischen dieser Annahme und der Umwandlung der aufschiebenden Bedingung in eine auflösende, obwohl der Verkäufer kein Eigentum auflösend bedingt übertragen hat, besteht ein großer Unterschied. Die meisten der obenerwähnten Theorien nehmen zu diesen Fragen unterschiedlich Stellung. Ein befriedigendes Ergebnis kann daher nur unter Berücksichtigung der zur Bedingungslehre entwickelten Erkenntnisse abgeleitet werden.

a. Der Untergang der Sache vor Bedingungseintritt löst nachträgliche Unmöglichkeit aus

Ob der Untergang der Kaufsache vor dem Bedingungseintritt eine ursprüngliche Unmöglichkeit, die die Folgen des § 306 auslöst, oder eine nachträgliche Unmöglichkeit darstellt, ist streitig. Mit Recht sieht die h. M.[25] hierin eine nachträgliche Unmöglichkeit. Der Wortlaut des § 306, der von einem Vertrag, der auf eine unmögliche Leistung gerichtet ist, handelt[26], spricht wie auch § 160, der kein negatives Interesse, sondern vollständigen Schadenersatz vorsieht[27], und § 308, der eine Ausnahme

---

[25] *Adenauer*, S. 26 ff.; *Blomeyer, Stud.*, S. 75; *Enneccerus-Lehmann*, § 29, II, 1; *Künzli*, S. 45; *Larenz II*, § 38, II a, S. 62; *Leonhard I*, § 139; *Palleske*, S. 70; *Staudinger-Ostler*, § 446, 22; *von Tuhr II/2*, § 81, I, 1, S. 295; *Wetzmüller*, S. 30 f.; *Würdinger*, Vorbem. vor § 373, Anm. 90. *Contra BGB-RGRK-Wilde*, § 306, Anm. 2 im Anschluß an *RG* 108, 180; 159, 202; abweichend RG JW 1931, 3450; *Erman-Groepper*, § 306, 2 c; *Kisch*, § 8, II, 3, S. 66; *Kluckhohn*, S. 117. Vgl. *Oertmann*, § 446, 6, b, α; *Schmitz*, S. 10; *Silber*, § 50, II, b, γ; *Stern*, S. 93. Letztere sprechen von einem Unwirksamwerden oder von einer Hinfälligkeit des Vertrages. Sie meinen aber wahrscheinlich, daß der Vertrag hier gemäß § 306 nicht zustande kommen kann. Vgl. auch *Adenauer*, S. 31 ff.; *Larenz II*, § 38, II a, Anm. 2.

[26] *Enneccerus-Lehmann*, § 45, I , 1 Fall.

[27] *Adenauer*, S. 28/29; *Enneccerus-Lehmann*, § 45, I Fall 2: *Leonhard I*, § 139.

vom § 306 darstellt und anders keinen Sinn hätte[28], und die Tatsache, daß auf Grund der entgegengesetzten Theorie der Schuldner im Falle eines anfänglichen Unvermögens bei bedingten Verträgen stärker als bei unbedingten gehaftet hätte[29], für die Annahme einer nachträglichen Unmöglichkeit. Andererseits erzeugt der Kaufvertrag von seinem Abschluß an Wirkungen, die allerdings schwächer sind als die des unbedingten Vertrages; dies spielt aber keine Rolle, weil solche schwächeren Wirkungen von den Parteien gewollt sind[30]. § 306 regelt hauptsächlich den Fall, in dem es sich um „eine von jeher und zu jeder Zeit unmögliche Leistung“[31] handelt. Die Tatsache, daß der Untergang der übergebenen Kaufsache vor dem Bedingungseintritt eine nachträgliche Unmöglichkeit zur Folge hat, spricht nicht ohne weiteres für die Anwendung oder besser die alleinige Anwendung des § 323. Auch § 446 gilt, wie wir schon gesehen haben, und zwar als Ausnahme von § 323 im Rahmen des Kaufvertrages (s. unten § 8, I, 2 b). Aus dieser Betrachtung ergibt sich, daß der Untergang der übergebenen Kaufsache an sich keine Nichtigkeit des Kaufvertrages bedeutet. § 306 findet keine Anwendung. Wir können also von einer Frage des eventuellen Gefahrüberganges sprechen, weil es sich sonst im Falle des § 306 nur um das periculum rei handeln würde, soweit es keinen Kaufvertrag gäbe.

b. Möglichkeit der Erfüllung eines aufschiebend bedingten Kaufvertrages.

Kann eine aufschiebend bedingte Schuld vor Bedingungseintritt erfüllt werden?

Eine Meinung[32] bejaht die Frage, weil ein bedingtes Rechtsgeschäft auch vor dem Bedingungseintritt Wirkungen auslöst (Anwartschaftsrecht).

Eine andere Meinung[33] will dagegen von einer Erfüllung nur wissen, wenn sie zur Befriedigung eines Anspruchs geschieht; sie verneint also

---

[28] *Adenauer*, S. 29; *Enneccerus-Lehmann*, § 45, I, Fall 3; *Leonhard I*, § 139; *Mot. II*, S. 180: „Der Entw. bestimmt vom Grundsatz, daß die Unmöglichkeit sich nach der Zeit der Vertragserrichtung bestimme, ... Würde die Unmöglichkeit der Leistung vor Eintritt der Bedingung beseitigt, zur Zeit der Erfüllung der Bedingung aber wieder bestehen, so wäre der Vertrag hiernach *nicht unwirksam.*“ Skeptisch die *Protokolle* S. 915.

[29] *Adenauer*, S. 30; *Enneccerus-Lehmann*, § 45, I, Fall 4; *Leonhard I*, § 139.

[30] *Adenauer*, S. 27.

[31] *Blomeyer, Stud.*, S. 75; vgl. auch oben Anm. *28*, Mot. II, S. 180, Fall 2.

[32] *Adenauer*, S. 54; *BGB-RGRK-Kuhn*, § 446, Anm. 11; *derselbe* contra in § 153, Anm. 3 (im allgemeinen); *Larenz II*, § 38, II a, S. 62; *Leonhard II*, § 12, S. 25; *Palandt-Gramm*, § 446, 3; *Palleske*, S. 69; *Staudinger-Ostler*, § 446, 22; vgl. *Wetzmüller*, S. 32.

[33] *Endemann*, § 159 a, 4 a, Anm. 24; *von Tuhr II/2*, § 81, I, 1, S. 295/96, obwohl er in *Bd. II/2*, § 81, I, 1, S. 293, Anm. 17 von der Möglichkeit einer anti-

bei einem bedingten Geschäft die Frage. Eine dritte Meinung[34] hält eine vorzeitige Erfüllung für möglich, aber nur im Rahmen der auflösenden Bedingung oder mindestens im Falle der Umwandung einer aufschiebenden Bedingung in eine auflösende; eine solche soll indessen nach dieser Meinung bei Übergabe vor Eintritt der Bedingung stets gegeben sein.

Zunächst ist klarzustellen, was man unter „Erfüllung" versteht.

Es ist sicher, daß die Art der Erfüllung dem Inhalt der geschuldeten Leistung zu entnehmen ist[35]. Dies bedeutet, daß der Inhalt der Erfüllung keine absolute Größe darstellt, sondern von dem jeweiligen Inhalt des Kaufvertrages abhängt. Die Verpflichtungen eines unter aufschiebender Bedingung stehenden Verkäufers richten sich also nach dem konkreten Inhalt des aufschiebend bedingten Kaufvertrages. In unserem Falle, wo der Verkäufer vertragsgemäß vor dem Bedingungseintritt die Kaufsache dem Käufer übergibt, beschränken sich die Verkäuferpflichten hauptsächlich auf die Beachtung des Anwartschaftsrechts des Käufers und auf die vorherige Übergabe der Kaufsache. Mit anderen Worten: In diesem Falle liegt entweder von vornherein ein bedingter Kauf sui generis vor (der sich von dem Kauf unter Eigentumsvorbehalt nur in der Tatsache, daß hier auch der Kaufvertrag bedingt ist, unterscheidet) oder der Kauf nimmt auf Grund eines Änderungsvertrages nachträglich einen Charakter sui generis an. Diese von den Parteien vereinbarte Abweichung von dem typischen Zustand der Schwebezeit bei aufschiebend bedingten Käufen, d. h. die Existenz der Verpflichtung zur sofortigen Übergabe, beruht auf der im Schuldrecht herrschenden Parteiautonomie. Soweit also der Verkäufer seinen oben erwähnten Verpflichtungen nachgekommen ist, erscheint es als widersinnig anzunehmen, daß es hier überhaupt keine Erfüllung gibt[36].

---

zipierten Erfüllung auch im Rahmen der Bedingung spricht. S. auch *Bd. II/1*, § 60, V, S. 388/9 und Anm. 151, wo er beim Ausfall der Bedingung § 812 anwenden will. Vgl. *Enneccerus-Nipperdey II*, § 197, V, die nur eine Vorauserfüllung nach §§ 820, I, 1, 812, I, 2 annehmen; s. auch für das *römische* Recht *Dernburg-Biermann I*, § 109, 1, die in einer solchen Vorerfüllung die „Stellung einer Kaution" sehen und „nur erst nach Eintritt der Bedingung Schuldtilgung".

[34] *Blomeyer, Stud.*, S. 235. Kritik dieser Meinung s. oben § 8, I, 2, Kritik zu Mein. 4.

[35] § 362, I: *„die geschuldete Leistung"*; *Enneccerus-Lehmann*, § 60, II, 1; *Esser*, § 70, 2; *Larenz I*, § 26, I, S. 293, *RG*, 64, 336/7.

[36] Die Tatsache, daß diese „Erfüllung" im Verhältnis zu der nach dem Eintritt der Bedingung zu bewirkenden Erfüllung — die wegen der automatischen Funktion der Bedingung ohne irgendeine Handlung des Verkäufers verwirklicht wird — als Vorauserfüllung *(Enneccerus-Nipperdey II*, § 197, V; *von Tuhr II/1*, § 60, V, Anm. 151) erscheint, kann nicht die in ihrem Bereich — der Schwebezeit — in ihrer Eigenschaft als „Erfüllung" ausgelösten Wirkungen im Falle des Eintritts der Bedingung vernichten, sondern nur befestigen, gegebenenfalls erweitern.

c. Demzufolge kann eine eventuelle Verneinung des Gefahrüberganges nicht auf die Tatsache der Nichterfüllung — eine solche liegt nicht vor — gestützt werden, sondern allein auf einen eventuellen Widerspruch dieser *verwirklichten Erfüllung* zu dem Zweck des § 446. Zur Lösung der Frage muß demzufolge auf die Interessenlage zurückgegriffen werden.

Daß durch die Übergabe der Kaufsache dem Käufer die Überwachungsmöglichkeit ermöglicht worden ist, steht außer Zweifel[37]. Auch die Nutzungsmöglichkeit ist ihm verschafft worden[38].

Im Falle, daß er für die Nutzung ein besonderes Entgelt zahlen muß, gibt es selbstverständlich keine Übergabe auf Grund des Kaufs, sondern nur auf Grund des besonders vereinbarten Rechtsverhältnisses, z. B. der Miete usw.[39]. Wir können also nicht von einem Gefahrübergang nach dem Kaufrecht sprechen.

Daß der Käufer bei Ausfall der Bedingung die Sache zurückgeben muß, ist für die wirtschaftliche Verschiebung der Werte nicht entscheidend, weil der Käufer in diesem Falle seinen Kaufpreis zurückverlangen kann (s. oben § 8, I, 1). Wirtschaftlich erscheint infolgedessen die Lage des aufschiebend berechtigten Käufers gleich der des unbedingt berechtigten. Auch seine Lage unterscheidet sich von der Lage eines bloßen Verwahrers oder Entleihers. Diese Personen interessieren sich für die Sache nicht so stark wie der Käufer. Dieser rechnet mit einem endgültigen Erwerb bei Eintritt der Bedingung[40]. Er fühlt sich nicht so fremd im Verhältnis zur Sache.

Dieser Fall unterscheidet sich *wirtschaftlich* nicht von dem Kauf unter Eigentumsvorbehalt[41]. Auch dort steht die Eigentumsverschaffung unter einer aufschiebenden Bedingung, indem die Übergabe sofort geschieht, und trotz dieser Ähnlichkeit der Lage bejaht man fast unbestritten dort den Gefahrübergang (s. unten § 9, I)[42].

---

[37] *BGB-RGRK-Kuhn,* § 446, Anm. 11; *Leonhard II,* § 12, S. 25.

[38] *Larenz II,* § 38, II a; *Leonhard II,* § 12, S. 25. *Contra Eccius,* S. 883; *Endemann,* § 159 a, 5 b, Anm. 45; *Oertmann,* § 446, 1 b, der übrigens den Käufer die Verschlechterungsgefahr tragen läßt (s. oben § 8, I, 2 [3]). Diese Schriftsteller nehmen in diesem Falle einen interimistischen oder Gebrauchsüberlassungsvertrag an. Gegen diese Meinung auch *Adenauer,* S. 38 ff., *Palleske,* S. 49/50. Vgl. im allg. *BGB-RGRK-Kuhn,* § 446, Anm. 12.

[39] *Larenz II,* § 38, II a, Anm. 4; vgl. *Martinius,* S. 69 (s. auch oben 7, VII).

[40] *Leonhard II,* § 12, S. 25. Vgl. *Boettge,* S. 59.

[41] Vgl. *Palleske,* S. 49/50; s. auch oben § 8, I, 2 b in fine.

[42] Daß beim Kauf unter Eigentumsvorbehalt der Eintritt der Bedingung von dem Verhalten des Käufers abhängt, ist für unser Problem nicht von Bedeutung, weil auch hier der Eintritt der Bedingung von einem Tun oder Unterlassen des Käufers abhängen kann.

Der Gefahrübergang wird aber dem Parteiinteresse besser gerecht[43]. Der Verkäufer, der seine Sache übergeben hat, sieht in seinem Verhalten die Erfüllung einer schon bestehenden Pflicht (vgl. oben § 8, I, 2b, in fine), die ihm beim Eintritt der Bedingung ohne weiteres von allen Sorgen der Übergabe befreien wird. Es widerspricht auch der Billigkeit, daß der Käufer, dessen Nutzungsinteresse in vollem Umfang befriedigt und dem die Überwachungsmöglichkeit verschafft wurde, die Gefahr nicht trägt.

II. Besondere Arten aufschiebend bedingten Kaufes

1. *Kauf auf Probe.* Der Kauf auf Probe ist gemäß § 495, I, 2 unter der aufschiebenden Bedingung der Billigung geschlossen worden. Die Rechtslage erscheint also prima facie der der aufschiebenden Bedingung ähnlich. Aber trotz dieser Ähnlichkeit hat die Verschiedenheit der Interessenlage mit verschiedenen Begründungen zur Verneinung des Gefahrüberganges geführt.

1. Eine Meinung[44] wendet unterschiedslos die Regeln, die sie beim aufschiebend bedingten Kauf im allgemeinen herausgearbeitet hat, auch auf den Kauf auf Probe an.

2. Eine andere[45] unterscheidet zwischen Untergang und Verschlechterung und nimmt an, daß der Käufer, soweit er mißbilligen kann, in beiden Fällen die Gefahr nicht trägt; billigt er aber, so muß er die Gefahr der Verschlechterung tragen, wenn er seine Rechte auf Kaufpreisminderung im Zeitpunkt der Billigung nicht vorbehalten hat.

3. Die dritte Meinung[46] verneint hier den Gefahrübergang, obwohl sie bei aufschiebend bedingten Käufen mit der Übergabe der Kaufsache den Gefahrübergang bejaht, weil sie in der Übergabe eine Vorbereitungshandlung[47] sieht; sie will die Möglichkeit der Verweigerung der Billigung zugunsten des Käufers wirken lassen[48].

---

[43] Vgl. *Adenauer,* S. 56 ff.; *BGB-RGRK-Kuhn,* § 446, Anm. 11; *Palandt-Gramm,* § 446, 3. Dies muß insbesondere im Falle des § 159 gelten: *Adenauer,* S. 50/51; *Erman-Böhle-Stamschräder,* § 446, 2b; *Goldmann-Lilienthal,* § 131, I, 8; *Kisch,* § 8, II, 3, S. 66; *Palleske* S. 71 ff.; *Planck-Knoke,* § 446, 2c, α; *Staudinger-Ostler,* § 446, 22; *Wismeyer,* S. 71; *Würdinger,* Vorbem. vor § 373, Anm. 90. *Contra Stern,* S. 94/95; *Wetzmüller,* S. 45.

[44] *BGB-RGRK-Pritsch,* § 495, Anm. 14; *Kisch,* § 8, II, 3, S. 67; *Künzli,* S. 50; *Schmitz,* S. 11; *Staudinger-Ostler,* § 495, 14. Vgl. *Schubert,* § 70, 2. Für das *italienische* Recht: *Rubino,* Nr. 152, c, S. 464.

[45] *Palleske,* S. 75; *Stern,* S. 100.

[46] *Adenauer,* S. 69; *Larenz II,* § 40, I, S. 86.

[47] *Adenauer,* S. 69.

[48] *Adenauer,* S. 69; *Larenz II,* § 40, I, S. 86.

Die Argumente der dritten Meinung schlagen durch. Das Recht, die Billigung zu verweigern, darf nicht durch den zufälligen Untergang der Sache vereitelt werden. Aber auch die Natur dieser aufschiebenden Bedingung, als einer potestativen Bedingung[48a], deren Eintritt von dem bloßen Willen des Käufers abhängt, spricht für eine lose Interessenbindung zwischen dem Käufer und der Kaufsache.

Die vorbehaltlose Billigung des Kaufs schließt die Gewährleistungsrechte des Käufers an sich nicht aus (§ 363). Nur eine in Kenntnis der Verschlechterung vorgenommene Billigung schließt, soweit der Käufer keinen Vorbehalt gemacht hat, nach § 460 diese Rechte aus.

2. *Emptio ad mensuram.* Als aufschiebend bedingter Kauf gilt auch der im BGB nicht besonders geregelte Kauf ad mensuram[49]. Die Interessenlage spricht hier für die Regelung der Gefahrtragung nach den allgemeinen für aufschiebende Bedingungen geltenden Grundsätzen. Die Gefahr geht daher mit der Übergabe auf den Käufer über[50].

3. *Wiederkauf.* Auch in der Vereinbarung eines Wiederkaufsrechts liegt h. Meinung nach ein aufschiebend bedingter Kauf[51]. Da aber die Ausübung des Wiederkaufsrechts vom Willen des Berechtigten (potestative Bedingung) abhängt, muß eine vorherige Übergabe an den Wiederkaufsberechtigten nach den Vorschriften für den Kauf auf Probe (s. oben § 8, II, 2) behandelt werden (s. auch § 498, II).

4. *Vorkauf.* Das für den Wiederkauf Gesagte gilt auch hier.

III. Auflösend bedingter Kauf

Bei *auflösend* bedingten Käufen bietet die Gefahrtragung in der Regel nicht so große Schwierigkeiten wie bei den *aufschiebend* bedingten. Denn der auflösend bedingte Kauf läßt sofort einen Anspruch des Käufers auf Erfüllung (Übergabe, Eigentumsverschaffung) entstehen[52].

1. *Ausfall der auflösenden Bedingung.* Fällt die auflösende Bedingung aus, so bleibt die Gefahr nach der herrschenden Meinung[53] beim Käufer. Der Vertrag ist erfüllt[54], der wirtschaftliche Übergang[55] vollzogen.

[48a] *Enneccerus-Nipperdey, II,* § 194, IV, 3; *Lange,* § 45, II, 3; *Lehmann,* § 35, A, IV, 3. Vgl. *Adler, S. 412.*

[49] *Dernburg-Biermann II,* § 96, b; *Kisch,* § 8, II, 3, S. 68.

[50] Zu demselben Ergebnis kommt *Kisch,* § 8, II, 3, S. 66, der aber allgemein annimmt, daß die Übergabe beim bedingten Kauf den Gefahrübergang nicht herbeiführen kann (s. oben § 8, Anm. 11).

[51] S. *Enneccerus-Lehmann,* § 116, II; *Palleske,* S. 84.

[52] § 158, II. *Enneccerus-Nipperdey II,* § 200, I; vgl. *Lange,* § 45, II, 3 b, γ; *Lehmann,* § 35, A, IV, 1.

[53] *Adenauer,* S. 15; *Adler,* S. 413; *BGB-RGRK-Kuhn,* § 446, Anm. 11; *Blomeyer, Stud.,* S. 233; *Cosack-Mitteis,* § 183, 5; *Crome,* § 213, 3, a; *Enneccerus*

Die Gründe, die wir für die Bejahung der Frage des Gefahrüberganges beim Eintritt der aufschiebenden Bedingung (s. oben § 8, I, 2) angeführt haben, gelten auch hier für den Ausfall der auflösenden Bedingung in vollem Umfang, weil die auflösende Bedingung ein Gegenstück der aufschiebenden darstellt. Sie ist ein untrennbarer Bestandteil des Kaufvertrages[56]. Aus dieser Feststellung ergibt sich, daß die Übergabe bei auflösend bedingten Käufen pendente condicione ebenfalls einen vorläufigen Charakter hat und daß die Frage des Zeitpunktes der Möglichkeit der Leistung des Vertragsgegenstandes (Zeitpunkt der Geschäftserrichtung, des Eintritts bzw. Ausfalls der Bedingung) für eine eventuelle Anwendung des § 306 auch hier von praktischer Bedeutung ist. Zur Lösung der Frage sind also die Theorien, die den Gefahrübergang beim Eintritt der aufschiebenden Bedingung entweder verneinen oder zwischen Untergang und Verschlechterung unterscheiden, ganz ungeeignet, soweit die meisten dieser Lehren auf dem vorläufigen Charakter der Übergabe oder auf der Nichtigkeit des Vertrages (§ 306) bzw. dem Unwirksamwerden (323) beruhen (s. die Begründung oben § 8, I, 2). Eine folgerichtige Anwendung dieser Theorien müßte zur Verneinung des Gefahrüberganges auch beim Ausfall der auflösenden Bedingung führen. Die Bejahung des Gefahrüberganges beim Ausfall der auflösenden Bedingung kann demzufolge nur durch eine Anwendung der für den Eintritt der aufschiebenden Bedingung mutatis mutandis geltenden Argumente (s. oben § 8, I, 2 a—c) erfolgen.

Daß die Interessen des unter auflösender Bedingung verpflichteten Käufers viel stärker sind, weil er u. U. Eigentum erworben und einen Anspruch auf sofortige Erfüllung hat, als die des unter aufschiebender Bedingung Berechtigten, der die Sache nur infolge der Übergabe besitzt, liegt auf der Hand. Es sprechen hier also triftigere Gründe als beim Eintritt der aufschiebenden Bedingung für die Bejahung des Gefahrüberganges.

Lehmann, § 103, III, 1; *Fischer-Henle-Titze-David*, § 441, 8; *Otto v. Gierke*, § 192, IV, 2, Anm. 70; *Goldmann-Lilienthal*, § 131, I, 8; *Klasen*, S. 37; *Kluckhohn*, S. 128/29; *Künzli*, S. 47; *Leonhard II*, § 12, S. 25; *Matthiaß*, § 109, I; *Molitor II*, § 3, IV, 3; *Palandt-Gramm*, § 446, 3; *Palleske*, S. 77; *Planck-Knoke*, § 446, 2, c, *β*; *Schubert*, § 15, 5; *Schmitz*, S. 12; *Staudinger-Ostler*, § 446, 23; *Titze, die Unmögl.*, S. 259; *Wetzmüller*, S. 21; *Wismeyer*, S. 71; *Würdinger*, Vorbem. vor § 373, Anm. 90. Für das *griechische* Recht: *Gasis*, Art. 523, 6. Für das *italienische* Recht: *Barbero*, Nr. 734, f. Für das *österreichische* Recht vgl. *Klang-Bettelheim*, § 1051, III. Vgl. *Siber*, § 50, II 2 a, *α*.

[54] *Schubert*, § 15, 5; *Staudinger-Ostler*, § 446, 23.

[55] *Leonhard II*, § 12, S. 25

[56] *Blomeyer, Stud.*, S. 61/62; *Klasen*, S. 28; *Staudinger-Coing*, § 158, 8; *von Tuhr II/2*, § 80, II, 2; Anm. 25; *Wetzmüller*, S. 38; vgl. *Lehmann*, § 35, A, IV, 1; *contra Enneccerus-Nipperdey II*, § 194, III und Anm. 14.

2. *Eintritt der auflösenden Bedingung.* Tritt die auflösende Bedingung ein, dann tritt auch „der frühere Rechtszustand wieder ein“ (§ 158, II). Die herrschende Meinung[57] verneint hier den Gefahrübergang. In Wirklichkeit kann hier nicht von einer Gefahrtragung im technischen Sinne gesprochen werden[58], weil es keinen Kaufvertrag mehr gibt[58a]. Der Käufer braucht nicht zu zahlen, einen gezahlten Kaufpreis kann er nach den Vorschriften über ungerechtfertigte Bereicherung zurückverlangen[59] (§§ 812, I, 2, 820). *Die rechtliche Bedeutsamkeit des Eintritts der auflösenden Bedingung,* obwohl der Gegenstand des Vertrages im Zeitpunkt des Bedingungseintritts fehlt, begründet die h. M.[60] mit einem Gedanken, der dem des § 350 (ähnlich §§ 467, 634) ähnlich ist. Diese Begründung

---

[57] *Prot.* S. 1724: „Trete die Bedingung ein, so gehe die Gefahr rückwärts auf den Verkäufer zurück.“ *Adenauer,* S. 15; *Blomeyer, Stud.,* S. 231; *Dernburg-Raape,* § 174, V, Anm. 19; *Endemann,* § 159 a, 4 a, Anm. 24; *Enneccerus-Lehmann,* § 103, III, 1; *Erman-Böhle-Stamschräder,* § 446, 2 b; *Goldmann-Lilienthal,* § 131, I, 8, Anm. 16; *Kisch,* § 8, II, 3, S. 66/67; *Klasen,* S. 28; *Künzli,* S. 47/48; *Larenz II,* § 38, II a, S. 62 *Leonhard II,* § 11, S. 22/23; *Molitor II,* § 3, IV, 3; *Oertmann,* § 446, 6 b, *β*; *Palandt-Gramm,* § 446, 3; *Palleske,* S. 77; *Planck-Knoke,* § 446, 2 c, *β*; *Staudinger-Ostler,* § 446, 23; *Stern,* S. 97; *Titze, die Unmögl.,* S. 259; *Wetzmüller,* S. 39 *Wismeyer,* S. 71; *Würdinger,* Vorbem. vor § 373, Anm. 90. Für das *italienische* Recht: *Barbero,* Nr. 734 f. Für das *niederländische* Recht: *Waelbroeck,* Nr. 55 in fine. *Contra Schmitz,* S. 12, der mangels Gegenstandes Unwirksamkeit des Eintritts annimmt; *Schubert,* § 15, 5, der im übrigen für eine Rückforderung des schon gezahlten Kaufpreises nach den Vorschriften über ungerechtfertigte Bereicherung eintritt. Vgl. auch *Soergel-Ballerstedt,* § 446, 8. Für das *französische* Recht: *Marty-Raynaud,* Nr. 292, b in fine; *Mazeaud II,* Nr. 1123, *Planiol-Ripert-Boulanger II,* Nr. 513, 2; *Planiol-Ripert-Esmein VI,* Nr. 414; *Waelbroeck,* Nr. 45; *anders Colin-Capitant-Julliot de la Morandière II,* Nr. 884. Für das *griechische* Recht s. Art. 523 Gr. BGB und *Gasis,* Art. 523, 6 f; *Zepos II,* § 3, IV, 2, *γ*. Für das *italienische:* vgl. *Rubino,* Nr. 152, c, S. 464 f., nach dem der Käufer die Gefahr des Unterganges, der Verkäufer die Verschlechterungsgefahr und die Gefahr des teilweisen Unterganges trägt. Für das *schweizerische* Recht s. *Becker,* Art. 185, 3; *Oser-Schönenberger,* Art. 185, 15 b. Vgl. auch *Soergel-Ballerstedt,* § 446, 8.

[58] *Klasen,* S. 38; *Palleske,* S. 77; *Staudinger-Ostler,* § 446, 23; *Stern,* S. 97; *Wetzmüller,* S. 39. Vgl. *Kluckhohn,* S. 130.

[58a] *Enneccerus-Nipperdey II,* § 194, III, 2, S. 1189.

[59] *Adenauer,* S. 15; *Adler,* S. 413; *Dernburg-Raape,* § 174, V, Anm. 19; *Endemann,* § 159 a, 4 a, Anm. 24; *Enneccerus-Lehmann,* § 103, III, 1. *Erman-Böhle-Stamschräder,* § 446, 2 b; *Klasen,* S. 35, 37, 43, f.; *Kisch,* § 8, II, 3, S. 66/67; *Kluckhohn,* S. 132; *Künzli,* S. 47/48; *Larenz II,* § 38, II a, S. 62; *Palleske,* S. 77; *Planck-Knoke,* § 446, 2, c, *β*; *Schubert,* § 15, 5; *Staudinger-Ostler,* § 446, 23; *Wismeyer,* S. 71; *Wetzmüller,* S. 39; *Würdinger,* Vorbem. vor § 373, Anm. 90.

[60] *Dernburg-Raape,* § 174, V, Anm. 19; *Endemann,* § 159 a, 4 a, Anm. 24; *Klasen,* S. 39 ff.; *Kluckhohn,* S. 131/32; *Leonhard II,* § 11, S. 22/23; *Stern,* S. 97; *Wetzmüller,* S. 39; *Würdinger,* Vorbem. vor § 373, Anm. 90.

ist unnötig[61], wenn man die auflösende Bedingung und das Rechtsgeschäft als Einheit auffaßt. Die Meinung, der wir uns für die aufschiebende Bedingung angeschlossen haben, und nach der der entscheidende Zeitpunkt für die Existenz der Sache nicht der des Eintritts der Bedingung, sondern der des Vertragsschlusses ist (s. oben § 8, I, 2 a), erklärt auch hier am besten die Verneinung des Gefahrüberganges. Der Untergang der Kaufsache hindert also nicht den Eintritt der auflösenden Bedingung[62].

IV. Kauf auf Probe

Ein Kauf auf Probe kann nach dem Willen der Parteien auflösend bedingt sein. Soweit die Mißbilligung von dem Willen des Käufers (Wollensbedingung)[62a] abhängt, darf der Käufer jedenfalls, wenn er Gründe zur Mißbilligung der Kaufsache hat, den Eintritt der Bedingung herbeiführen und sich einer eventuellen Gefahrtragung entziehen[63].

V. Genehmigungsbedürftiger Kauf

Bei Genehmigungsbedürftigen[64] Käufen stellt die Genehmigung eine Wirksamkeitsvoraussetzung des Vertrages, eine condicio juris[65] dar. Daher müssen, soweit es ihrer Natur nicht widerspricht, grundsätzlich die allgemeinen für die aufschiebenden Bedingungen geltenden Vorschriften Anwendung finden[66]. Eine Ausnahme von diesen allgemeinen Vorschriften ergibt sich aus § 184, I, der die Genehmigung mit rückwirkender Kraft versieht[67]. Wegen dieser rückwirkenden Kraft muß die Gefahr sowohl des Unterganges wie der Verschlechterung im Falle einer vor der Genehmigung vollzogenen Übergabe dem Käufer auferlegt werden[68].

---

[61] *Blomeyer, Stud.*, S. 231.

[62] *Contra Schmitz*, S. 12.

[62a] *Adler*, S. 413, wegen der Natur der potestativen Bedingung.

[63] *Palleske*, S. 75; *Schmitz*, S. 11, Anm. 1; vgl. *Staudinger-Ostler*, § 495, 17; *Stern*, S. 101; *Künzli*, S. 50, der die allg. Vorschriften der auflösenden Bedingung anwenden will.

[64] Die Genehmigung kann von der Willenserklärung sowohl eines Dritten als auch einer Behörde abhängen. So *Kisch*, § 8, II, 3, S. 67.

[65] *Adenauer*, S. 71; *Enneccerus-Nipperdey II*, § 204, II, 1; *Lehmann*, § 37, I, 1.

[66] *BGB-RGRK-Kuhn*, § 446, Anm. 11; *Kisch*, § 8, II, 3, S. 67; *Palandt-Gramm*, § 446, 3; *Staudinger-Ostler*, § 446, 24.

[67] *Adenauer*, S. 71; *Enneccerus-Nipperdey II*, § 204, IV, 2; *Lange*, § 47, II, 2; *Lehmann*, § 37, IV, 3.

[68] *Adenauer*, S. 71; *BGB-RGRK-Kuhn*, § 446, Anm. 11; *Soergel-Ballerstedt*, § 446, 9; *Staudinger-Ostler*, § 446, 24; *von Tuhr II/2*, § 78, VI, b, S. 241 und Anm. 212; vgl. *Palandt-Gramm*, § 446, 3; *contra Kisch*, § 8, II, 3, S. 67; *Stern*, S. 95, der im Falle des Unterganges der Kaufsache die Genehmigung als unwirksam betrachtet. Die Unrichtigkeit dieser Meinung haben wir schon bei dem aufschiebend bedingten Kauf aufgezeigt (s. oben § 8, I, 2 a).

VI. Anfangs- und Endtermin

Bei Kaufverträgen unter Anfangs- oder Endtermin müssen gemäß § 163[69] die für die bedingten Käufe gegebenen Vorschriften analoge Anwendung finden, soweit sie dem Sinn der Termine nicht widersprechen.

1. *Anfangstermin.* Eine vorherige „Übergabe" bewirkt den Gefahrübergang, weil sie eine Erfüllung[70] darstellt, die die entsprechende Forderung des Käufers erlöschen läßt[71].

2. *Endtermin.* Mit dem Eintritt des Endtermins endigen die Wirkungen des Kaufes, und der frühere Rechtszustand tritt wieder ein[72]. Obwohl der Eintritt des Endtermins keine rückwirkende Kraft hat[73], trägt der Käufer die Gefahr nicht[74]. Dies muß man mit Hilfe eines Argumentum a fortiori[75] der Regelung der Gefahrtragung beim Eintritt der auflösenden Bedingung (s. oben § 8, III, 2) entnehmen.

---

[69] Eine Unterscheidung zwischen „Betagung" und „Befristung" erscheint ungerechtfertigt, so m. R. *Enneccerus-Nipperdey II,* § 199, II, Anm. 5 mit weiteren Angaben; vgl. *Lehmann,* § 35, B, I, 2; *Palleske,* S. 75; *contra Lange,* § 45, IV.

[70] *Adenauer,* S. 74 ff.; *Enneccerus-Nipperdey II,* § 199, I, 2 e; *contra Endemann,* § 159 a, 4 a, der eine Erfüllung nur bei betagten, nicht bei befristeten Kaufverträgen annimmt. Für die Unrichtigkeit dieser Unterscheidung s. vor. Anm. Aber auch im Rahmen dieser Unterscheidung bleibt Raum für den Gefahrübergang, wenn man die Grundsätze, die wir beim aufschiebend bedingten Kauf entwickelt haben, anwenden will. Vgl. Art. 1465, II, ItCC, nach dem der Termin den Zeitpunkt der Gefahrtragung nicht verschiebt (*Barbero,* Nr. 734, a; *Messineo III,* § 113, 10, B, c; *Rubino,* Nr. 152, a; *Trabucchi,* Nr. 290, S. 665).

[71] *Enneccerus-Nipperdey II,* § 199, I, 2 e.

[72] *Enneccerus-Nipperdey II,* § 200, II; *Lehmann,* § 35, B, II.

[73] § 159 ist hier nicht anwendbar, weil er dem Zweck der Termine widerspricht (so m. R. *Lehmann,* § 85, B, II).

[74] *Contra Gasis,* Art. 523, 11. *Becker,* Art. 185, 4; *Oser-Schönenberger,* Art. 185, 15 b.

[75] Dieses Argument beruht auf der Interessenlage beim Endtermin. Das Interesse an der Kaufsache des Käufers unter Endtermin ist von wesentlich geringerem Wert als das Interesse des auflösend verpflichteten Käufers, der mit einem eventuellen Erwerb der Sache rechnen kann.

§ 9

KAUF UNTER EIGENTUMSVORBEHALT

I.

Beim Kaufvertrag unter Eigentumsvorbehalt steht nur die Eigentumsübertragung nach § 455 unter aufschiebender Bedingung, und zwar unter der Bedingung der vollständigen Zahlung des Kaufpreises. Mit Recht bejaht, also die herrschende Lehre[1] den Übergang der Gefahr des Unterganges und der Verschlechterung, wenn die übergebene Kaufsache vor dem Bedingungseintritt, also vor der vollständigen Zahlung des Kaufpreises und des entsprechenden Eigentumserwerbs, zufällig untergeht oder verschlechtert wird. Hier ist der Vertrag unbedingt. Die Übergabe erscheint also als Erfüllung[2] einer sofort zu bewirkenden Leistung. Das

---

[1] *Achilles-Greiff-Brüggemann*, § 446, 3; *Adler*, S. 412; *Beitzke*, S. 282; *BGB-RGRK-Kuhn*, § 446, 2; *Blomeyer, Stud.*, S. 230; *Boettge*, S. 46; *De Boor*, Buch 2, Kap. 30, V, 2, S. 264/5; *Dernburg-Raape*, § 171, III, Anm. 11; *Emmanuel*, S. 64; *Enneccerus-Lehmann*, § 103, II, 1 b; *Otto v. Gierke*, § 192, IV, 2, Anm. 73; *Heck*, § 84, 1; *Hedemann*, § 32, III, a, 3; *Kipp zu Windscheid*, § 390, 6, S. 669/70; *Kisch*, § 8, II, 3, S. 67; *Kluckhohn*, S. 142; *Kohler*, § 93, II; *Kreß II*, § 19, 1, C, b, Anm. 59; *Künzli*, S. 49; *Larenz II*, § 39, II, b, S. 70; *Leonhard II*, § 12, S. 25; *Loewenwarter*, § 446; *Molitor II*, § 3, IV, 2; *Mitteis-Lieberich*, Kap. 50, V, 3; *Oertmann*, § 446, 1 a, β; *Palandt-Gramm*, § 446, 3; *Palleske*, S. 83; *Planck-Knoke*, § 455, 2, d; *Rabel II*, § 116, 1; *Schmitz*, S. 14; *Schubert*, § 15, 3; *Siber*, § 50, II, 5 b, α; *Soergel-Ballerstedt*, § 446, 6; *Staudinger-Ostler*, § 446, 23; *Stern*, S. 96; *Titze*, § 41, 3 a, Anm. 3; *von Tuhr II/2*, § 81, I, 1, Anm. 31; *Warneyer-Bohnenberg*, § 445, VI; *Wetzmüller*, S. 59; *Wirtz*, S. 23; *Wismeyer*, S. 73; *Würdinger*, Vorbem. vor § 373, Anm. 51 h. *RG* 85, S. 322. Für das *amerikanische* Recht: *Williston 2*, § 304. Für das *griechische* Recht: Art. 532, § 2; *Zepos II*, § 3, IV, 1, S. 71, Anm. 3. Für das *italienische* Recht: Art. 1465, II; 1523 ItCC; *Barbero*, Nr. 734, b; *Rubino*, Nr. 152, b; *Trabucchi*, Nr. 290, S. 665, Anm. 1; *Waelbroeck*, Nr. 47, 1. Für das *österreichische* Recht: *Klang-Bettelheim*, § 1051, I; vgl. auch *Ehrenzweig*, § 364, IV, 1. Für das *schweizerische* Recht: *Künzli*, S. 48; *Oser-Schönenberger*, Art. 184, 14. *Contra Cosack-Mitteis*, § 183, 2 b; *OLG Colmar*, I ZS, Urteil v. 22. März 1912 (OLG Bd. 24, S. 322); vgl. *RG* 64, 337. Für das *französische* Recht: *Mazeaud II*, Nr. 1120; *Paniol-Ripert-Boulanger III*, Nr. 1389; *Waelbroeck*, Nr. 41 in fine, der aber diese Lösung rechtspolitisch mißbilligt (Nr. 198, S. 173/74).

[2] *Boettge*, S. 48; *Larenz II*, § 39, II b, S. 70; *Leonhard II*, § 12, S. 25; *Oertmann*, § 446, 1 a, β; *Palleske*, S. 83.

den § 446 rechtfertigende Motiv, nämlich die Überwachungs- und Nutzungsmöglichkeit, wird auch hier voll und ganz verwirklicht[3]. Auch hängt der Eintritt der Bedingung (Erwerb des Eigentums) von dem Verhalten des Käufers (Kaufpreiszahlung) ab[4] und es scheint also als unbillig[5], daß der Verkäufer die Gefahr weiter trägt. Eine Verschiebung des Gefahrüberganges bis zum Eigentumserwerb würde bedeuten, daß auch die Sachmängelhaftung des Verkäufers bis zu diesem Zeitpunkt (§ 459) verschoben werden müßte. Es widerspricht aber dem Sinne dieser Haftung, den Beginn des Einstehenmüssens des Verkäufers zu verschieben, soweit der Käufer den Gebrauch der Sache hat[6]. Endlich müssen wir nochmals darauf hinweisen, daß der Kauf unter Eigentumsvorbehalt der wichtigste Fall ist, in dem § 446, der den Gefahrübergang an die Übergabe unabhängig von der Eigentumsverschaffung[7] knüpft, Anwendung findet.

II. Kauf unter Eigentumsvorbehalt im Falle des Rücktritts

Beim Rücktritt des Verkäufers wegen Verzuges des Käufers mit der Kaufpreiszahlung gemäß § 455 finden die §§ 346 ff. Anwendung[8]. Wie sich aus dem Sinn des § 350[9] ergibt, schließt der Untergang der Kaufsache das Rücktrittsrecht nicht aus. Der Käufer trägt also, obwohl er den schon bezahlten Teil des Kaufpreises zurückverlangen kann, praktisch nicht die Gefahr des Unterganges bzw. der Verschlechterung[10]. Aus diesem Grunde ist eine Ausübung des Rücktrittsrechs seitens des Verkäufers im Falle des Unterganges der Kaufsache praktisch kaum denkbar.

---

[3] *Dernburg-Raape*, § 171, III, Anm. 11; *Hedemann*, § 32, III, a, 3; *Leonhard II*, § 12, S. 25; *Oertmann*, § 446, 1 a, β *Wetzmüller*, S. 59; *Wirtz*, S. 23; *Würdinger*, Vorbem. vor § 373, Anm. 51 h. *Waelbroeck*, Nr. 188, S. 174. *Rubino*, Nr. 152, b.

[4] *Kisch*, § 8, II, 3, S. 67; *Stern*, S. 96; *Titze*, § 41, 3 a, Anm. 3. *Rubino*, Nr. 152, b. Vgl. auch *Waelbroeck*, Nr. 188, S. 174.

[5] *Molitor II*, § 3, IV, 2.

[6] So mit Recht *Boettge*, S. 48; *Würdinger*, Vorbem. vor § 373, Anm. 51 h.

[7] Dies übersieht OLG Colmar (s. oben Anm. 1), das den Gefahrübergang verneint, weil beim Kauf unter Eigentumsvorbehalt der Käufer Fremdbesitzer bleibt.

[8] *Blomeyer, Stud.*, S. 230. Dieses Rücktrittsrecht beruht auf dem vermuteten Parteiwillen und als solches stellt es ein vertragliches Rücktrittsrecht dar. So m. R. *Esser*, § 108, 3 e; vgl. *Enneccerus-Lehmann*, § 118, III, 2; *Larenz II*, § 39, II, b.

[9] *Blomeyer, Stud.*, S. 230; *Molitor II*, § 3, IV, 3.

[10] Vgl. oben § 3, I, 2 a, β in fine und Anm. 31—32; *Blomeyer, Stud.*, S. 230. Vgl. *Molitor II*, § 3, IV, 3 in fine.

§ 10

DER DOPPELKAUF

I. Der Doppelkauf im allgemeinen

Als Doppelkauf in weitem Sinne bezeichnen wir den Fall, wo derselbe Verkäufer zwei oder mehrere Kaufverträge mit verschiedenen Käufern über denselben Gegenstand abschließt[1]. Hier kann es vorkommen, daß der Verkäufer seinen Käufern gegenüber gefahrübertragende Akte — z. B. Übergabe, Eigentumsverschaffung — bewirkt. Es fragt sich zunächst, ob die Gefahr dadurch zweimal oder mehrmals übergehen kann, ob also der Verkäufer den vereinbarten Kaufpreis mehrmals von den verschiedenen Käufern einziehen darf. Dieser Begriff des Doppelkaufs hat in der Praxis einen ganz bestimmten Typ (Doppelkauf in engerem Sinne, oder einfach Doppelkauf) insbesondere bei Grundstücken geschaffen.

Von einem verkehrstypischen Doppelkauf können wir demzufolge sprechen, wenn derselbe Verkäufer[2] zwei Kaufverträge mit verschiedenen Personen über denselben Kaufgegenstand abschließt und dem ersten Käufer die Sache übergibt, ohne ihm Eigentum zu verschaffen, dem zweiten Käufer Eigentum verschafft, ohne ihm Besitz verschaffen zu können, weil er den unmittelbaren Besitz bereits dem ersten Käufer übertragen hat. Der Doppelkauf in diesem Sinne ist von dem ganz umgekehrten Fall, wo der Verkäufer dem ersten Käufer das Eigentum überträgt und dem zweiten Käufer nur den Besitz übergibt, zu trennen. Der letzte Fall richtet sich nach den Grundsätzen des Kaufes von einem Nichtberechtigten[3].

---

[1] Die zwei oder mehr Kaufverträge können in bezug auf ihren Abschluß ganz unabhängig voneinander sein (so m. R. *Griesbach*, S. 12; vgl. auch *Palleske*, S. 86 ff.). Der Verkäufer kann vorbehaltlich des § 306 eine beliebige Zahl von Kaufverträgen über denselben Gegenstand abschließen (vgl. auch § 138, I; dieser Paragraph kann nur Anwendung finden, wenn alle seine Voraussetzungen gegeben sind, was beim Doppelkauf nicht immer zutrifft, so m. R. *Hermann*, S. 45; *Reineke*, S. 6, vgl. auch *Griesbach*, S. 58/59).

[2] Dies kann auch geschehen, wenn sowohl der Verkäufer, der Eigentümer der Kaufsache ist, als auch sein Stellvertreter unabhängig voneinander den Kaufvertrag mit verschiedenen Personen abschließen (so *Oertmann*, § 446, 6 d, δ; *Palleske*, S. 86). Für den Fall der sog. Einzel- oder Solidarvollmacht s. *Planck-Flad I*, § 167, 9 a; *von Tuhr II/2*, § 85, IX, S. 413 und § 85, X, S. 415.

[3] So m. R. *Reineke*, S. 4. Dieser Fall führt letzten Endes zu denselben Ergeb-

Ein Doppelkauf kann sowohl bewegliche Sachen als auch Grundstücke betreffen[4], bei den letzteren ist er aber von größerer praktischer Bedeutung wegen § 446, II (s. unten III).

II. Bewegliche Sachen

1. Die Ansicht[5], nach der bei Übertragung der Sache auf den Käufer I durch Besitzkonstitut, auf den Käufer II durch Übergabe, ein Doppelkauf vorliegt, ist unzutreffend. Durch das Besitzkonstitut ist Käufer I gemäß § 930 Eigentümer geworden. Durch die Vereinbarung des Besitzmittlungsverhältnisses ist der Verkäufer seinen dem Kaufvertrage entspringenden Pflichten (§ 433) nachgekommen (s. oben § 7, V, 1 b). Er hat also vollständig erfüllt. Hier liegt daher in bezug auf den zweiten Kauf ein Fall des Kaufes von einem Nichtberechtigten (s. oben I) vor.

2. Ein wirklicher Fall des Doppelkaufes ist bei beweglichen Sachen gegeben, wenn der Verkäufer dem Käufer I die Sache unter Eigentumsvorbehalt (aber nicht aufschiebend bedingt) übergibt und später dem Käufer II den mittelbaren Besitz[6] gemäß § 870 verschafft. Die Verschaffung des mittelbaren Besitzes ist unentbehrlich, weil die bloße Eigentumsverschaffung (§ 931) den Gefahrübergang unserer Ansicht nach (s. oben § 7, VI, 1 b) nicht herbeiführen kann[7]. Hier geht mit der Übergabe der Sache die Gefahr auf den Vorbehaltskäufer (s. oben § 9, I) und zugleich wegen der Verschaffung des mittelbaren Besitzes auf den Käufer II (s. oben § 7, VI, 1 a) über. Ein anderes Beispiel wäre der Fall, wo der Verkäufer (V) dem Käufer I durch Besitzkonstitut, ohne ihm Eigentum zu übertragen (z. B. behält der Vorbehaltsverkäufer — auch hier ohne aufschiebend bedingtes Eigentum zu übertragen — den unmittelbaren Besitz als Mieter[7a]), den mittelbaren Besitz verschafft und dann dem Käufer II

---

nissen. Das folgt aus dem Begriff der Gefahr im Verhältnis zur Leistungsunmöglichkeit (s. unten III, c). Deshalb erwähnen vielleicht einige Schriftsteller bewußt oder unbewußt diesen Fall als Fall des Doppelkaufes. So z. B. *Künzli*, S. 23; *Palleske*, S. 86; *Schmitz*, S. 15; *Titze, die Unmögl.*, S. 262. Für das *griechische* Recht: *Zepos II*, § 3, IV, 2 *α*. Für das *österreichische* Recht: *Kang-Bettelheim*, § 1051, I.

[4] *Contra Reineke*, S. 39, weil nach seiner Ansicht nur einer Eigentümer werden kann und nur dieser die Gefahr trägt.

[5] *Kohler*, § 93, III; *Oertmann*, § 446, 6, 4 *δ*; *Palleske*, S. 86.

[6] Beim Kauf unter Eigentumsvorbehalt ist der Eigentumsvorbehaltskäufer, wie wir schon oben gesehen haben, Fremdbesitzer (s. oben § 7, I, Anm. 1); dasselbe gilt auch hier.

[7] *Contra Griesbach*, S. 15, Anm. 1

[7a] (V) ist also als Vorbehaltsverkäufer mittelbarer Eigenbesitzer, als Mieter unmittelbarer Fremdbesitzer; diese Eigenschaften widersprechen sich nicht (s. z. B. *Baur*, § 7, B, III, 1, b, bb, S. 51; *Eichler II/1*, S. 24, Anm. 49; *Westermann*, § 18, 5; *Wolff-Raiser*, § 8, II).

die Sache übergibt. Die Gefahr geht prima facie sowohl auf K I (s. oben § 7, V, 1 a) als auch auf K II über.

3. Ein Pseudodoppelkauf kommt im Falle der Einzel- oder Solidarvollmacht (s. oben § 10, Anm. 2) zustande, wenn die mehreren Bevollmächtigten oder der Eigentümer und sein Vertreter in demselben Zeitpunkt (derselben logischen Sekunde) die zum Gefahrübergang nötigen Handlungen, z. B. Besitzverschaffung durch Besitzkonstitut (im possessischen Sinne) oder Abtretung des mittelbaren Besitzes im Sinne des § 870 bewirken. Diese Traditionssurrogate des Besitzers werden, soweit sie rechtsgeschäftlicher Natur sind, durch die entgegengesetzten gleichwertigen Willenserklärungen vernichtet[8]. Wenn eine dieser Personen die Kaufsache wirklich übergibt, kann nicht zugleich ein Besitzsurrogat entstehen, weil die Person des Besitzmittlers in diesem Zeitpunkt beim Besitzkonstitut (im poss. Sinne) bzw. bei Abtretung des Herausgabeanspruchs nach § 870 ungewiß ist. Demzufolge gibt es keinen doppelten Gefahrübergang.

4. Wegen der Ähnlichkeit des Problems des Gefahrüberganges sowohl bei beweglichen Sachen als auch bei Grundstücken, verweisen wir, soweit die Frage überhaupt entsteht, für ihre Lösung auf die unten III, 2 gegebene Darstellung.

III. Grundstücke

1. Das eigentliche Gebiet des Doppelkaufes ist das Grundstücksrecht. Dies ist das Ergebnis der unterschiedlichen Behandlung des Gefahrüberganges bei Grundstücken in § 446, II. Hier geht die Gefahr sowohl mit der Übergabe als auch mit der Eintragung (über ihren Sinn s. oben § 3, II, 1) auf den Käufer über. Es kann also geschehen, daß der Verkäufer dem Käufer I die Sache übergibt und dem Käufer II die Sache aufläßt und der letztere das Grundstück in seinem Namen eintragen läßt. Wer trägt die Gefahr? Beide? Niemand? Oder muß man Unterschiede machen?

1. Die herrschende Meinung[9] läßt den eingetragenen Käufer (K II) die Gefahr tragen. Zur Begründung dieser Ansicht läßt sich das folgende anführen.

---

[8] Wir kommen zu diesem Ergebnis, weil alle diese Willensrichtungen ihren verfolgten Zweck in vollem Umfang nicht zugleich bewirken können. Eine mittlere Lösung, z. B. die Annahme von Mitbesitz, kommt nicht in Frage, weil diese Wirkung nicht gewollt ist. Der Begriff des Nebenbesitzes ist auch dem BGB richtiger Meinung nach fremd (s. z. B. *RG* 135, 75; 138, 265. Vgl. *Baur,* § 7, B, III, 3 b. *Contra Westermann,* § 19, II, 4 und die dort Genannten).

[9] *BGB-RGRK-Kuhn,* § 446, Anm. 16; *Crome,* § 213, 2, Anm. 31; *Herrmann,* S. 53; *Kisch,* § 8, II b, S. 63; *Kohler,* § 93, III; *Künzli,* S. 23; *Leonhard II,* § 10, S. 22; *Oertmann,* § 446, 6 d, δ; *Palandt-Gramm,* § 446, 4 e; *Planck-Knoke,* § 446, 2 b, β; *Reineke,* S. 39; *Schubert,* § 49, 3; *Staudinger-Ostler,* § 446, 20. S. auch *Mot. II,* S. 323 (s. den Text unten Anm. 24). Vgl. *Martinius,* S. 76. Für

a) Der eingetragene Käufer kann als Eigentümer die Herausgabe des Besitzes vom Käufer I gemäß § 985 verlangen. Demzufolge hat der Untergang der Kaufsache, deren Gefahr er infolge der Eintragung trägt, und nicht die mangelnde Erfüllung zum Verlust des Besitzes geführt[10].

b) Der Gefahrübergang durch Übergabe bei Grundstücken stellt eine Milderung der Haftung des Verkäufers dar. Sie kann also nicht zu seiner doppelten Bereicherung führen[11].

c) Nur der Eigentümer kann die Gefahr auf eine andere Person übertragen[12]. Mit der Eigentumsverschaffung an Käufer II steht der Verkäufer dem Käufer I gegenüber als Nichteigentümer gegenüber. Der K I kann also ex nunc die Gefahr nicht tragen.

d) Der Besitzer muß, soweit er die Rechte des § 325 ausübt, den Besitz dem Verkäufer zurückgeben und dadurch wird das Unvermögen des Verkäufers zur Besitzverschaffung dem Käufer II gegenüber aufgehoben[13].

Diese Meinung gewährt dem Käufer I entweder die Rechte aus verschuldetem Unvermögen[14] oder die Rechte aus Leistungsunmöglichkeit überhaupt[15].

2. Eine zweite Meinung bejaht den Gefahrübergang auf beide Käufer[16]. Trotzdem schließen einige von diesen Schriftstellern die Mögichkeit der doppelten Einziehung des Kaufpreises seitens des Verkäufers aus, entweder weil sie in concreto gegen die guten Sitten verstoßen kann[17], oder weil diese Meinung dem Käufer I die Rechte aus §§ 440, I, 325, I gewährt[18].

———————

das *griechische* Recht: *Gasis*, Art. 522, 22; *Zepos II*, § 3, IV, 2 *α*; *Kaukas*, Art. 522, 8.

[10] *Crome*, § 213, 2, Anm. 31; *Kisch*, § 8, II b, S. 63 *Leonhard II*, § 10, S. 22; *Oertmann*, § 446, 6 d, *δ*. Für das *griechische* Recht: *Gasis*, Art. 522, 22.

[11] *Kohler*, § 93, III.

[12] *Reineke*, S. 39.

[13] *Herrmann*, S. 53.

[14] *Herrmann*, S. 52; *Planck-Knoke*, § 446, 2 b; *Staudinger-Ostler*, § 446, 20. Vgl. *BGB-RGRK-Kuhn*, § 446, Anm. 16. Für das *griechische* Recht: *Gasis*, Art. 522, 22; vgl. *Zepos II*, § 3, IV, 2 *α*.

[15] *Kisch*, § 8, II b, S. 63; *Palandt-Gramm*, § 446, 4 e. Für das *griechische* Recht: *Kaukas*, Art. 522, § 8.

[16] *Dernburg-Raape*, § 174, IV, 1, Anm. 11; *Matthiaß*, § 109, II, S. 292, Anm. 1; *Schollmeyer*, I, IV; *Titze, die Unmögl.*, S. 262. Für das *griechische* Recht: *Papanikolau*, Art. 522, § 53, 6.

[17] *Dernburg-Raape*, § 174, IV, 1, Anm. 11. *Papanikolau*, Art. 522, § 53, 6, der immer einen Verstoß gegen die guten Sitten annimmt.

[18] *Matthiaß*, § 109, II, S. 292, Anm. 1.

3. Eine dritte Ansicht[19] bejaht die Gefahrtragung desjenigen Käufers, „in dessen Person zuerst entweder die Übergabe oder die Eintragung verwirklicht worden ist". Eine spätere Übergabe oder Eintragung kann auf den Gefahrübergang keinen Einfluß haben.

4. Eine andere Auffassung[20] tritt für die Gefahrtragung des Besitzers ein, weil die Gefahrtragung des Besitzers mehr dem Zweck des § 446 (Überwachungsmöglichkeit) entspricht[21].

5. Eine fünfte Anschauung[22] verneint den Gefahrübergang überhaupt, indem sie beiden Käufern die Rechte des § 325 gewährt.

6. Eine sechste Meinung[23] nimmt, obwohl sie den Gefahrübergang auf beide nicht verneint, an, daß der Verkäufer den Kaufpreis nur von demjenigen Käufer verlangen kann, demgegenüber er vollständig erfüllt hat.

7. Endich will eine Meinung[24] die Gefahrtragung mit Hilfe der allgemeinen Vorschriften über Leistungsunmöglichkeit oder Verzug lösen.

2. Alle diese Meinungen wollen die Frage auf Grund der die Gefahr übertragenden Akte des § 446, II entscheiden. Hierbei verkennen sie aber den Umfang des Gefahrüberganges (s. oben § 3, II, 2). Nur aus dem Sinn des Gefahrüberganges in Verbindung mit den allgemeinen für das Synallagma geltenden Vorschriften (insbesondere: Unmöglichkeit, Verzug, Rechts- und Sachmängelhaftung[25]) können wir eine sichere Lösung finden. Wir müssen also zwischen Gefahrübergang mit „Übergabe" und Gefahrübergang mit „Eigentumserwerb" unterscheiden.

a. Gefahrübergang mit Übergabe (Käufer I)

Wir haben bereits festgestellt (s. oben § 3, II, 2 a, α), daß der Inhalt des Gefahrüberganges in der Befreiung des Verkäufers — ohne Verlust seines Kaufpreisanspruchs — von seiner Eigentumsverschaffungspflicht im Falle einer *durch den Untergang* der Kaufsache herbeigeführten Un-

---

[19] *Endemann*, § 159 a, 5 c.

[20] *Schmitz*, S. 15. Für das *österreichische* Recht: *Klang-Bettelheim*, § 1051, I.

[21] *Schmitz*, S. 15.

[22] *Enneccerus-Lehmann*, § 103, II, 2.

[23] *Cosack-Mitteis*, § 182, 2 b, Beispiel II, 3; *Heck*, § 84, 6.

[24] *Griesbach*, S. 35 ff.; *Herrmann*, S. 47 ff.; *Stern*, S. 82 ff. *Mot. II*, S. 323: „Richtiger wird die Frage gestellt, welchen Einfluß der Untergang auf jedes der beiden Schuldverhältnisse habe, und diese Frage wird sich von dem Grundsatz des Entw. aus, daß *die Unmöglichkeit der Erfüllung von der Gegenleistung befreit*, leichter beantworten lassen als von dem entgegengesetzten Grundsatz des gemeinen Rechtes, in welchem der doppelte Verkauf derselben Sache die gleiche Frage zur Beantwortung stellt. *Derjenige Käufer, welchem das Grundstück nur übergeben ist, hat jedenfalls auch die Eigentumsübertragung zu fordern, welche ihm von dem Verkäufer nicht gewährt werden kann.*"

[25] Nur insoweit pflichten wir der siebenten Meinung (oben III,1) bei.

möglichkeit der Eigentumsverschaffung besteht. Ist also die Unmöglichkeit der Eigentumsverschaffung nicht erst durch den Untergang der Kaufsache herbeigeführt, sondern schon durch die Eigentumsverschaffung an Käufer II[26] (hier handelt es sich um ein Unvermögen des Verkäufers dem Käufer I gegenüber), so ist kein Raum für einen Gefahrübergang. Die Rechte des Käufers wegen nachträglichen Unvermögens, ob verschuldet oder unverschuldet, aus der Rechtsmängelhaftung des Verkäufers bleiben unberührt. (S. oben § 3, II, 2 a, α.)

b. Gefahrübergang mit Eigentumserwerb (Käufer II)

Der Gefahrübergang (s. oben § 3, II, 2 a, β) hat hier den folgenden Inhalt: „Der Verkäufer behält den Kaufpreisanspruch trotz der durch den zufälligen Untergang herbeigeführten Unmöglichkeit zur Übergabe des Gegenstandes". Hier aber entsteht, soweit der Verkäufer durch die Übergabe des Besitzes an Käufer I dem Käufer II gegenüber unvermögend wurde[27], die Frage des Gefahrüberganges ebenfalls nicht, weil das Unvermögen zur „Übergabe" schon durch die Übergabe an Käufer I und nicht erst durch den Untergang entstand. Die Rechte des Käufers II wegen dieser Unmöglichkeit zur Übergabe richten sich demzufolge nach den allgemeinen Vorschriften über die Unmöglichkeit bei gegenseitigen Verträgen (§§ 440; 320—327, s. oben, § 2, I, 1 b, γ; vgl. auch § 3, II, 2 a, β).

c. Zu denselben Lösungen müssen wir mutatis mutandis auch für die Fälle des Erwerbes von einem Nichtberechtigten (s. oben § 10) (umgekehrtes Beispiel: K I = Eigentümer, K II = Besitzer) gelangen. K I tritt hier an die Stelle des Käufers II (s. oben § 10, III, b), Käufer II an die Stelle des Käufers I (s. oben § 10, III, a).

---

[26] Die Eigenart des Doppelkaufes in diesem Falle besteht also bloß in der Tatsache, daß das Unvermögen des Verkäufers dem Käufer I gegenüber auf der teilweisen Erfüllung des Kaufvertrages an Käufer II beruht.

[27] Vgl. Anm. 26.

ANHANG

Internationales Privatrecht

Die Beantwortung der Frage des anzuwendenden Rechts hinsichtlich der Gefahrtragung hängt von der Stellungnahme zu den verschiedenen Theorien ab, die die Anknüpfungsmomente beim gegenseitigen Vertrag bestimmen.

I. Will man den Kaufvertrag unter ein einziges Recht subsumieren[1], dann muß die Gefahrtragungsfrage nach dem Recht, das den Kaufvertrag regelt, beurteilt werden[2]. Diese Lösung beruht auf dem Gedanken, daß sowohl die Leistungs- als auch die Gegenleistungsgefahr im Rahmen der Schuldverhältnisse auftreten können und mit der dinglichen Gefahrtragung, dem sog. „periculum rei" (s. oben § 1, II), nichts zu tun haben[3].

II. Große Schwierigkeiten bereitet das Problem innerhalb der herrschenden Meinung, die für die Verpflichtungen der Parteien als anzuwendendes Recht das Recht des Erfüllungsortes ansieht und infolgedessen zu einer Spaltung[4] des anzuwendenden Rechts bei gegenseitigen Verträgen gelangt. Hier ist die Frage richtiger Meinung nach so zu beantworten: Man muß die Frage der Leistungsgefahr nach dem Recht des Verkäufers

---

[1] Eine Zusammenstellung der Theorien findet man bei: *Kegel, Das Internationale* Privatrecht im Einführungsgesetz zum BGB (1961), Vor. Art. 4, Nr. 204.

[2] So z. B. *Nußbaum,* Deutsches Internationales Privatrecht (1932), § 40 IV, Anm. 7; *Maridakis,* Internationales Privatrecht (auf Griechisch), Bd. 2 (1954), § 35, II, S. 39 im Anschluß an Art. 25 Gr. BGB.

[3] *Eisser,* § 2, II; *Rabel I,* § 3, 2 d; vgl. *Venturini,* Diritto Internazionale Privato, Diritti reali ed Obbigazioni (1956), Nr. 10, S. 36/37; Nr. 57, S. 180. *Contra Batiffol,* Traité élémentaire de Droit International Privé. 3. éd. 1959, Nr. 525. Diese letzte Meinung verwechselt die Frage der Gegenleistungsgefahr mit der des „periculum rei" (s. oben § 2, V, 3 und Anm. 43) und will sie daher nach der lex rei sitae beurteilen.

[4] Vgl. *Kegel,* Internationales Privatrecht (1960), § 18, I, 1d; *Nußbaum,* aaO.; *M. Wolff.* Das Internationale Privatrecht Deutschlands, 3. Aufl. 1954, § 29, III. Dasselbe gilt auch hinsichtlich derjenigen Meinungen, die anstatt an den Erfüllungsort an den Wohnsitz oder den Geschäftssitz bzw. an das Personalstatut des Schuldners anknüpfen (vgl. *Eisser,* § 2, I).

beurteilen[5], weil die Leistungsgefahr seine Leistungspflicht betrifft; die Gegenleistungsgefahr muß man im Gegensatz dazu unter das Recht des Käufers subsumieren[6], weil die Gegenleistungsgefahr sich auf die Zahlungspflicht des Käufers bezieht[7].

---

[5] *Eisser,* § 2, II; *Kegel,* aaO., vor Art. Nr. 234; *derselbe,* in IPR aaO.; *L. Raape,* Internationales Privatrecht, 5. Aufl. 1961, § 49, III; BGH MDR 1961, 53 = NJW 1961, 25.

[6] *Eisser,* § 2, II; *Kegel,* aaO., vor Art. 7, Nr. 234; *derselbe* in IPR aaO.; *Lewald,* Das Deutsche Internationale Privatrecht auf Grundlage der Rechtsordnung (1930), Nr. 309 (S. 249 f.); *Schubert,* § 36, S. 93; *Staudinger-Ostler,* § 446, 36; *M. Wolff,* aaO.; *Zitelmann,* Internationales Privatrecht, Bd. 2, S. 427 ff.; OLG Kiel, Schl. HA 1919, 27. *Contra* OLG Hamburg, in Zeitschrift für Internationales Recht, Bd. 21 (1911), S. 68.

[7] *Contra Frankenstein,* Internationales Privatrecht (Grenzrecht) Bd. II (1929), § 40, III, 1, der übrigens für eine Teilung der Gefahrtragung eintritt. Gegen diese letzte Stellungnahme wenden sich m. R. *Rabel-Raiser,* in Zeischrift für Ausländisches und Internationales Privatrecht, Bd. III (1929), S. 79, Anm. 1.